Mi tiempo en España

스페인에서의 나의 시간들

스페인어 회화&작문

스페인에서의 나의 시간들
Mi tiempo en España

초판 인쇄 2020년 2월 20일
초판 발행 2020년 2월 24일

저자   민선혜
발행인   이재명
발행처   삼지사

등록번호   제406-2011-000021호
주소   경기도 파주시 산남로 47-10
TEL   031) 948-4502/948-4564
FAX   031) 948-4508

ISBN   978-89-7358-524-3(13770)

정가 15,000원

CIP 2020002362

Mi tiempo en España

스페인에서의 나의 시간들

스페인어 회화&작문

민선혜 지음

SAMJI ⬛⬛⬛ BOOKS

Epílogo
에삘로고

 스페인어과를 전공심화로 졸업을 하면서도 나는 스페인어가 내 인생의 한 부분이 될 거라고는 예상치 못했다. 그저 회사에 취직해서 업무를 보거나 여행할 때 편하게 커뮤니케이션을 하는 데 도움이 될 거라고만 생각했다. 스페인어 덕에 서비스 업종에 종사하며 덕을 보기도 했고, 중남미 회사와 거래를 성사시키기도 하며 참 많은 경험을 하였다. 그리고 틈틈이 스페인어 과외도 했었다. 인생은 참 미스터리하다. 아니, 내가 정말 존경하는 분이 나에게 해주신 말을 여기에 적어보자면, 인생은 참 마법 같은 순간들로 가득하다. 그렇게 나는 스페인어를 사용하는 것이 주 업무는 아니었지만 계속 스페인어와의 인연을 이어왔었나 보다.

그리고 우연히 정말 신기하게도 한 외국어 고등학교에서 스페인어 회화 강사 제안 전화가 왔다. 학교라니, 그리고 또 스페인어네! 그 고마운 전화 한 통으로 인해 스페인어가 나의 삶 깊숙한 곳에 들어왔고, 나는 지금 스페인어 강사로써 또, 스페인어 책 작가로써 이 글을 적고 있다. 그리고 이제 나는 앞으로의 인생도 스페인어와 함께 일 것임을 너무나 잘 안다. 스페인어가 메인이 되어 올해와 내년, 그리고 앞으로의 날들의 계획을 짜고 있으니 말이다. 이렇게 좋아하는 무언가가 확실하다는 건 정말 감사한 일이다. 물론 이 길을 찾기까지 여러 문을 두들겨보고 많은 경험을 했기에 가능했던 것 같다. 앞으로 스페인어와 내가 또 얼마나 재미있고 멋진 날들을 만들어 나갈지 기대된다!

지금 이 글을 읽고 있는 당신에게도 나와 같이 스페인어와 기분 좋은 인연이 시작되길 바란다. 그리고 당신에게 꼭 전하고 싶은 말이 있다. 이제 막 시작하는 단계에서는 다양한 단어와 표현을 암기하는 것이 가장 중요하다. 우리가 원하는 것은 멋지게 스페인어로 대화를 하는 것이지 스페인어 문장을 문법대로 슬래시 치며 밑줄 긋기가 아니란 걸 기억해주었으면 한다.

Que Dios les bendiga,

(신의 가호가 있기를)

더 큰 세상을 즐길 여러분을 위해

인 선 혜

Índice
인디쎄

Alfabeto español
알빠베또   에스빠뇰

A a	[아]	모음
B b	[베]	ba바 be베 bi비 bo보 bu부
C c	[쎄]	ca까 ce쎄 ci씨 co꼬 cu꾸
*Ch ch	[체]	cha차 che체 chi치 cho초 chu추
D d	[데]	da다 de데 di디 do도 du두
E e	[에]	모음
F f	[에뻬]	영어의 'f'발음 fa빠 fe뻬 fi삐 fo뽀 fu뿌
G g	[헤]	ga가 ge헤 gi히 go고 gu구
H h	[아체]	묵음
I i	[이]	모음
J j	[호따]	가래 끓는 소리 ja하 je헤 ji히 jo호 ju후
K k	[까]	외래어 표기에 사용
*L l	[엘레]	la라 le레 li리 lo로 lu루
Ll ll	[에례]	lla야 lle예 lli이 llo오 llu유
M m	[에메]	ma마 me메 mi미 mo모 mu무

N n	[에네]	na나 ne네 ni니 no노 nu누
Ñ ñ	[에녜]	ña냐 ñe녜 ñi니 ño뇨 ñu뉴
O o	[오]	모음
P p	[뻬]	pa빠 pe뻬 pi삐 po뽀 pu뿌
Q q	[꾸]	que께 qui끼
R r *Rr rr	[에레] [에ㄹ레]	혀 굴리는 소리 ra 라 re레 ri리 ro로 ru루
S s	[에쎄]	sa 싸 se 쎄 si 씨 so 쏘 su 쑤
T t	[떼]	ta따 te떼 ti띠 to또 tu뚜
U u	[우]	모음
V v	[우베]	va바 ve베 vi비 vo보 vu부
W w	[우베도블레]	외래어 표기에 사용
X x	[엑끼쓰]	xa ㄱ싸/하 xe ㄱ쎄/헤 xi ㄱ씨/히 xo ㄱ쏘/호 xu ㄱ쑤/후
Y y	[예, 이그리에가]	ya야 ye예 yi이 yo요 yu유
Z z	[쎄따]	영어의 'th'발음 za싸 ze쌔 zi씨 zo쏘 zu쑤

* 알파벳에서는 제외되었지만 단어에는 쓰임.

Presente de indicativo
쁘레젠떼   데   인디까띠보

 스페인어의 모든 동사는 -ar, -er, -ir로 끝나는 3가지 형태를 하고 있습니다.
이 동사들은 규칙과 불규칙으로 변형되는데, 여기서 우리는 직설법 현재의 규칙동사
를 먼저 공부하겠습니다.
스페인어의 동사는 각 인칭과 수에 따라 변화하기 때문에 인칭대명사 주격; yo (나),
tú(너), él(그), ella(그녀), usted(당신), nosotros/nosotras(우리들), vosotros/
vosotras(너희들), ellos(그들), ellas(그녀들), ustedes(당신들)을 생략할 수 있습
니다. 단, 문장의 주격이 불명확한 경우에는 사용하는 것이 좋습니다. 또한 주어가 일
반적인 것이나 불특정한 것을 이야기할 때 3인칭 단수 혹은 3인칭 복수를 사용합니
다.

-ar 동사 → Hablar : 말하다
아블라르

Yo 나 요	hablo 아블로	Nosotros 우리들 노쏘뜨로쓰 Nosotras 노쏘뜨라쓰		hablamos 아블라모쓰
Tú 너 뚜	hablas 아블라쓰	Vosotros 너희들 보쏘뜨로쓰 Vosotras 보쏘뜨라쓰		habláis 아블라이쓰
Usted 당신 우스떼드 Él 그 엘 Ella 그녀 에야	habla 아블라	Ustedes 당신들 우스떼데스 Ellos 그들 에요쓰 Ellas 그녀들 에야쓰		hablan 아블란

-er 동사 → Comer : 말하다
꼬메르

Yo 나 요	com**o** 꼬모	Nosotros 우리들 노쏘뜨로쓰 Nosotras 노쏘뜨라쓰	com**emos** 꼬메모쓰
Tú 너 뚜	com**es** 꼬메쓰	Vosotros 너희들 보쏘뜨로쓰 Vosotras 보쏘뜨라쓰	com**éis** 꼬메이쓰
Usted 당신 우스떼드 Él 그 엘 Ella 그녀 에야	com**e** 꼬메	Ustedes 당신들 우스떼데스 Ellos 그들 에요쓰 Ellas 그녀들 에야쓰	com**en** 꼬멘

-ir 동사 → Vivir : 말하다
비비르

Yo 나 요	viv**o** 비보	Nosotros 우리들 노쏘뜨로쓰 Nosotras 노쏘뜨라쓰	viv**imos** 비비모쓰
Tú 너 뚜	viv**es** 비베쓰	Vosotros 너희들 보쏘뜨로쓰 Vosotras 보쏘뜨라쓰	viv**ís** 비비쓰
Usted 당신 우스떼드 Él 그 엘 Ella 그녀 에야	viv**e** 비베	Ustedes 당신들 우스떼데스 Ellos 그들 에요쓰 Ellas 그녀들 에야쓰	viv**en** 비벤

Desde hoy, voy a estudiar español para ir a España.
데스데 오이 보이 아 에스뚜디아르 에스빠뇰 빠라 이르 아 에스빠냐.

Quiero vivir en Madrid.
끼에로 비비르 엔 마드린.

오늘부터 스페인에 가기 위해서 스페인어를 공부해야겠다.

마드리드에 살고 싶다.

이번 단원에서는 '언어'에 관한 것을 배웁니다.

- Ir, Estudiar, Querer, Vivir의 동사활용
- Voy a, Quiero를 활용한 표현

Vocabulario
보까불라리오

▸ **hoy**
오이
오늘

▸ **escuchar**
에스꾸차르
듣다

▸ **mañana**
마냐나
내일

▸ **leer**
레에르
읽다

▸ **coreano**
꼬레아노
한국어, 한국남자

▸ **ver**
베르
보다

▸ **español**
에스빠뇰
스페인어, 스페인남자

▸ **hacer**
아쎄르
만들다, 하다

▸ **inglés**
잉글레쓰
영어, 영국남자

▸ **ir**
이르
가다

▸ **chino**
치노
중국어, 중국남자

▸ **visitar**
비씨따르
방문하다

▸ **japonés**
하뽀네쓰
일본어, 일본남자

▸ **animarse**
아니마르쎄
힘을 내다
*¡Ánimate!   힘내!
아니마떼

▸ **estudiar**
에스뚜디아르
공부하다

▸ **la casa**
라 까사
집

▸ **aprender**
아쁘렌데르
배우다

▸ **la escuela**
라 에스꾸엘라
학교

▸ **escribir**
에스끄리비르
쓰다

▸ **la empresa**
라 엠쁘레사
회사

Pronunciación & Interpretación
쁘로눈씨아씨온   인떼르쁘레따씨온

Desde hoy
데스데   오이
오늘부터

Desde hoy,   voy a
데스데   오이   보이 아
오늘부터   내가 ~할 것이다

voy a   estudiar español
보이 아   에스뚜디아르   에스빠뇰
내가 ~할 것이다   공부하다   스페인어

estudiar español   para
에스뚜디아르   에스빠뇰   빠라
공부하다   스페인어   ~하기 위하여

para   ir   a   España.
빠라   이르   아   에스빠냐
~하기 위하여 가다 ~에   스페인

Quiero
끼에로
내가 원하다

Quiero   vivir en Madrid.
끼에로   비비르   엔   마드릳.
내가 원하다   살다 ~에 마드리드

Conjugación
꼰후가씨온

IR (+a) ~에 가다
이르

IR A (+동사원형) 주어가 ~할 것이다

Yo 나 요	Voy 보이	Nosotros 우리들 노쏘뜨로쓰 Nosotras 노쏘뜨라쓰	Vamos 바모쓰
Tú 너 뚜	Vas 바쓰	Vosotros 너희들 보쏘뜨로쓰 Vosotras 보쏘뜨라쓰	Vais 바이쓰
Usted 당신 우스떼드 Él 그 엘 Ella 그녀 에야	Va 바	Ustedes 당신들 우스떼데스 Ellos 그들 에요쓰 Ellas 그녀들 에야쓰	Van 반

ESTUDIAR 공부하다
에스뚜디아르

Yo 나 요	Estudio 에스뚜디오	Nosotros 우리들 노쏘뜨로쓰 Nosotras 노쏘뜨라쓰	Estudiamos 에스뚜디아모쓰
Tú 너 뚜	Estudias 에스뚜디아쓰	Vosotros 너희들 보쏘뜨로쓰 Vosotras 보쏘뜨라쓰	Estudiáis 에스뚜디아이쓰
Usted 당신 우스떼드 Él 그 엘 Ella 그녀 에야	Estudia 에스뚜디아	Ustedes 당신들 우스떼데스 Ellos 그들 에요쓰 Ellas 그녀들 에야쓰	Estudian 에스뚜디안

* 참조 : Nosotros / Ellos = 남자들만 있거나 남녀혼합일 경우 사용.

QUERER 원하다, (사람이나 물건을) 좋아하다, 사랑하다
께레르

Yo 나 요	Quiero 끼에로	Nosotros 우리들 노쓰뜨로쓰 Nosotras 노쓰뜨라쓰	Queremos 께레모쓰
Tú 너 뚜	Quieres 끼에레쓰	Vosotros 너희들 보쏘뜨로쓰 Vosotras 보쏘뜨라쓰	Queréis 께레이쓰
Usted 당신 우스떼드 Él 그 엘 Ella 그녀 에야	Quiere 끼에레	Ustedes 당신들 우스떼데쓰 Ellos 그들 에요쓰 Ellas 그녀들 에야쓰	Quieren 끼에렌

VIVIR (장소나 나라에서) 살다, 살고 있다
비비르

Yo 나 요	Vivo 비보	Nosotros 우리들 노쓰뜨로쓰 Nosotras 노쓰뜨라쓰	Vivimos 비비모쓰
Tú 너 뚜	Vives 비베쓰	Vosotros 너희들 보쏘뜨로쓰 Vosotras 보쏘뜨라쓰	Vivís 비비쓰
Usted 당신 우스떼드 Él 그 엘 Ella 그녀 에야	Vive 비베	Ustedes 당신들 우스떼데쓰 Ellos 그들 에요쓰 Ellas 그녀들 에야쓰	Viven 비벤

Expresión
엑쓰쁘래씨온

VOY A : 내가 ~할 것이다
보이 아

— Voy a ir a casa.

보이 아 이르 아 까사

나는 집에 갈 것이다.

— Voy a llamarte.

보이 아 야마르떼

내가 너한테 전화할 것이다.

— Voy a quedar con mi amigo David.

보이 아 께다르 꼰 미 아미고 다빋

나는 내 친구 David와 만날 것이다.

— Voy a hacerlo.

보이 아 아쎄를로

나는 그것을 할 것이다.

QUIERO : 내가 원하다
끼에로

― Quiero ir a México.

  끼에로 이르 아 메히꼬

  나는 멕시코에 가고 싶다.

― Quiero viajar.

  끼에로 비아하르

  나는 여행 가고 싶다.

― Quiero ser profesor.

  끼에로 쎄르 쁘로뻬쏘르

  나는 선생님(남성)이 되고 싶다.

― Quiero ser rica.

  끼에로 쎄르 리까

  나는 부자(여성)가 되고 싶다.

Conversaión
꼰베르싸씨온

1. ¿Qué vas a hacer este año? →Voy a aprender español.
   께 바쓰 아 아쎄르 에스떼 아뇨   보이 아 아쁘렌데르 에스빠뇰

   너 이번 년도에 뭐 할 거야?   나는 스페인어 배울거야.

2. ¿Qué vas a hacer hoy?   →No tengo plan especial.
   께 바쓰 아 아쎄르 오이   노 뗑고 쁠란 에스뻬시알

   너 오늘 뭐 할 거야?   특별한 계획 없어.

3. ¿Por qué estudias español? →Estudio español para ir
   뽀르 께 에스뚜디아쓰 에스빠뇰   에스뚜디오 에스빠뇰 빠라 이르
                               a España.
                               아 에스빠냐
   너는 왜 스페인어 공부해?   스페인 가려고 스페인어 공부해.

4. ¿Qué quieres hacer hoy?   →Hoy quiero ir al museo
   께 끼에레쓰 아쎄르 오이   오이 끼에로 이르 알 무쎄오
                               Prado.
                               쁘라도
   너 오늘 뭐하고 싶어?   오늘 프라도미술관에 가고 싶어.

5. ¿Dónde vives?   →Vivo en Seúl.
   돈데 비베쓰   비보 엔 쎄울

   너 어디 살아?   나 서울 살아.

Escribe tu frase
에스끄리베 뚜 쁘라쎄

당신의 글을 쓰세요.

Todo lo que puedes imaginar es real.

상상할 수 있는 모든 것은 현실이 될 수 있다.

Pablo Picasso
파블로 피카소

Saludo y Despedido
쌀루도 이 데스뻬디도

Saludo

¡Hola!
올라

안녕!, 안녕하세요!

¡Buenos días!
부에노쓰   디아쓰

좋은 아침이에요!

¡Buenas tardes!
부에나쓰   따르데쓰

좋은 오후에요!

¡Buenas noches!
부에나쓰   노체쓰

좋은 저녁이에요!

Despedido

¡Hasta mañana!
아스따   마냐나

내일 봬요!

¡Hasta pronto!
아스따   쁘론또

곧 봬요!

¡Hasta luego!
아스따   루에고

나중에 봬요!

¡Nos vemos!
노쓰   베모쓰

나중에 봬요!

¡Chao!
차오

잘 가세요!, 안녕히 가세요(계세요)!

¡Adiós!
아디오쓰

잘 가세요!, 안녕히 가세요(계세요)!
오랫동안 못 볼 사이에 주고받는 인사, 마지막 작별인사

Hoy hace sol.
오이 아쎄 쏠.

Es un buen día para caminar hasta la academia de español.
에쓰 운 부엔 디아 빠라 까미나르 아스따 라 아까데미아 데 에스빠뇰.

오늘은 날씨가 화창하다.

스페인어 학원까지 걸어가기 좋은 날이다.

> **이번 단원에서는 '날씨'에 관한 것을 배웁니다.**
> – Ser, Estar, Hacer, Caminar의 동사활용
> – Hace, Para를 활용한 표현

Vocabulario
보까불라리오

▸ **bien** 비엔	잘, 좋다	▸ **nublado** 누블라도	구름 낀 *Está nublado 에스따 누블라도
▸ **buen** 부엔	좋은	▸ **la niebla** 라 니에블라	안개 *Hay niebla 아이 니에블라
▸ **mal** 말	나쁜, 좋지 않은	▸ **llover** 요베르	비가 내리다 *Está lloviendo 에스따 요비엔도
▸ **el tiempo** 엘 띠엠뽀	시간, 계절, 날씨	▸ **nevar** 네바르	눈이 내리다 *Está nevando 에스따 네반도
▸ **la temperatura** 라 뗌뻬라뚜라	온도, 기온	▸ **el ejercicio** 엘 에헤르씨씨오	연습, 운동
▸ **el sol** 엘 쏠	태양, 해	▸ **el deporte** 엘 데뽀르떼	스포츠, 운동
▸ **el calor** 엘 깔로르	열, 더위	▸ **yoga** 요가	요가
▸ **el frío** 엘 쁘리오	찬, 추운	▸ **pilates** 삘라떼쓰	필라테스
▸ **el viento** 엘 비엔또	바람	▸ **el proyecto** 엘 쁘로옉또	프로젝트
▸ **fresco** 쁘레스꼬	시원한, 서늘한	▸ **los deberes** 로쓰 데베레쓰	숙제 = la tarea 라 따레아

* 현재 날씨 묘사

Pronunciación & Interpretación
쁘로눈씨아씨온   인떼르쁘레따씨온

Hoy
오이
늘

Hoy   hace sol.
오이   아쎄   쏠
오늘 볕이 난다, 날씨가 화창하다/맑다

Es
에쓰
~이다

Es   un buen día
에쓰   운   부엔   디아
~이다 하나의 좋은   날

Es   un buen día   para
에쓰   운   부엔   디아   빠라
~이다 하나의 좋은   날 ~에 적합한

para   caminar
빠라   까미나르
~에 적합한   걷다

para   caminar hasta
빠라   까미나르   아스따
~에 적합한   걷다   ~까지

hasta la academia
아스따   라 아까데미아
~까지   학원

hasta la academia de español.
아스따   라 아까데미아   데   에스빠뇰
~까지   학원   ~의 스페인어

25

Conjugación
꼰후가씨온

SER ~이다 (신분, 국적, 직업, 시간, 요일, 가격 등)
쎄르

Yo 나 요	Soy 쏘이	Nosotros 우리들 노쏘뜨로쓰 Nosotras 노쏘뜨라쓰	Somos 쏘모쓰
Tú 너 뚜	Eres 에레쓰	Vosotros 너희들 보쏘뜨로쓰 Vosotras 보쏘뜨라쓰	Sois 쏘이쓰
Usted 당신 우스떼드 Él 그 엘 Ella 그녀 에야	Es 에쓰	Ustedes 당신들 우스떼데스 Ellos 그들 에요쓰 Ellas 그녀들 에야쓰	Son 쏜

ESTAR ~이다 (상태가 ~이다, 장소에 있다)
애스따르

Yo 나 요	Estoy 에스또이	Nosotros 우리들 노쏘뜨로쓰 Nosotras 노쏘뜨라쓰	Estamos 에스따모쓰
Tú 너 뚜	Estás 에스따쓰	Vosotros 너희들 보쏘뜨로쓰 Vosotras 보쏘뜨라쓰	Estáis 에스따이쓰
Usted 당신 우스떼드 Él 그 엘 Ella 그녀 에야	Está 에스따	Ustedes 당신들 우스떼데스 Ellos 그들 에요쓰 Ellas 그녀들 에야쓰	Están 에스딴

* 참조 : Nosotros / Ellos = 남자들만 있거나 남녀혼합일 경우 사용.

26

HACER 하다, 만들다, (날씨가) ~하다
아쎄르

Yo 나 요	Hago 아고	Nosotros 우리들 노쏘뜨로쓰 Nosotras 노쏘뜨라쓰	Hacemos 이쎄모쓰
Tú 너 뚜	Haces 아쎄쓰	Vosotros 너희들 보쏘뜨로쓰 Vosotras 보쏘뜨라쓰	Hacéis 아쎄이쓰
Usted 당신 우스떼드 Él 그 엘 Ella 그녀 에야	Hace 아쎄	Ustedes 당신들 우스떼데스 Ellos 그들 에요쓰 Ellas 그녀들 에야쓰	Hacen 아쎈

CAMINAR (거리를) 걷다, 나아가다
까미나르

Yo 나 요	Camino 까미노	Nosotros 우리들 노쏘뜨로쓰 Nosotras 노쏘뜨라쓰	Caminamos 까미나모쓰
Tú 너 뚜	Caminas 까미나쓰	Vosotros 너희들 보쏘뜨로쓰 Vosotras 보쏘뜨라쓰	Camináis 까미나이쓰
Usted 당신 우스떼드 Él 그 엘 Ella 그녀 에야	Camina 까미나	Ustedes 당신들 우스떼데스 Ellos 그들 에요쓰 Ellas 그녀들 에야쓰	Caminan 까미난

Expresión
엑쓰쁘레씨온

HACE : (날씨가) ~하다
아쎄

— Hace buen tiempo.
아쎄　　부엔　　띠엠뽀

날씨가 좋다.

— Hace viento.
아쎄　　비엔또

바람이 분다.

— Hace calor.
아쎄　　깔로르

날씨가 덥다.

— Hace frío.
아쎄　　쁘리오

날씨가 춥다.

PARA : ~을 위하여, ~을 목적으로, ~에 적합한
빠라

— Es para ti.

에쓰 빠라 띠

너를 위한 거야.

— Es bueno para la salud.

에쓰 부에노 빠라 라 쌀룯

이거 건강에 좋아.

— Él estudia inglés para viajar a Inglaterra.

엘 에스뚜디아 잉글레쓰 빠라 비아하르 아 잉글라떼라

그는 영국으로 여행가기 위하여 영어를 공부한다.

— Lo hago para emigrar a Colombia.

로 아고 빠라 에미그라르 아 꼴롬비아

나는 콜롬비아에 이민가기 위하여 이것을 한다.

Conversaión
꼰베르싸씨온

1. ¿Qué tiempo hace hoy?
께 띠엠뽀 아쎄 오이

오늘 날씨 어때?

→Hoy hace fresco.
오이 아쎄 쁘레스꼬

오늘 날씨 시원해.

2. ¿Está lloviendo?
아스따 요비엔도

비 와?

→Sí, está lloviendo.
씨 에스따 요비엔도

응, 비 와.

3. ¿Está nevando?
에스따 네반도

눈 와?

→No, hoy no va a nevar.
노 오이 노 바 아 네바르

아니, 오늘 눈 안 올거야.

4. Esto es para ti.
에스또 에쓰 빠라 띠

이건 널 위한 거야.

→¡Muchas gracias!
무차쓰 그라씨아쓰

고마워!

5. ¡Vamos a viajar!
바모쓰 아 비아하르

우리 여행가자!

→¡Buena idea!
부에냐 이데아

좋은 생각이야!

Escribe tu frase
에스끄리베 뚜 쁘라세

당신의 글을 쓰세요.

Si es bueno vivir, todavía es mejor soñar,
y lo mejor de todo, despertar.

사는 것이 행복하다면 꿈꾸는 것은 더욱 그러하다.
그 중 제일은 실현하는 것이다.

Antonio Machado
안토니오 마차도

¿Dónde está el ascensor?

엘리베이터는 어디에 있는 거야?

스페인에 도착한 날,

공항에서 호기롭게 택시를 타고 미리 적어온 주소를 보여줬다.

도착은 성공적이었지만 눈앞에서 10유로 붙이는 걸 보고도 눈뜨고 코 베인 택시 값을 지불해야 했다.

동네를 돌아볼 여유도 없이 곧장 홈스테이 집이 있는 건물로 들어갔다.

4층인데.... 엘리베이터가 어디 있지?

이민 가방처럼 큰 캐리어 두 개를 끌고 이쪽저쪽 다 찾아보았지만 엘리베이터처럼 보이는 것이라곤 한 개도 없었다.

긴장한 탓에 식은땀이 흐르고 어느새 눈가도 촉촉해졌다. 서글펐다.

그 잠깐 사이에 '이런 별것도 아닌 일로 벌써 울면 안 되지. 마음 독하게 먹어야지.'라는 생각을 했다. 잠시 숨을 돌리는 사이 어느 한 문에서 사람들이 끊임없이 나오는 것을 발견했다. 설마가 역시나였다.

평범한 문처럼 생긴 그 문짝이 엘리베이터였다!

한국처럼 자동으로 열리는 알루미늄 문이 아닌 수동으로 열어야 하는 나무 문이었다.

이 별거 아닌 해프닝은 앞으로 내가 스페인에 살면서 경험하게 될 새롭고 다른 문화를 함축적인 의미로 보여주는 듯했다.

30 de enero, 2019
뜨레인따 데 에네로 도쓰밀 디에씨누에베

2019년 1월 30일

Mi profesor de español es colombiano.
미 쁘로뻬쏘르 데 에스빠뇰 에쓰 꼴롬비아노.

Pero él habla muy bien coreano.
뻬로 엘 아블라 무이 비엔 꼬레아노.

나의 스페인어 선생님은 콜롬비아 사람이다.

그런데 한국어를 매우 잘하신다.

이번 단원에서는 '국적'에 관한 것을 배웁니다.

- Saber, Conocer, Hablar, Escribir의 동사활용
- Saber, Hablar를 활용한 표현

Vocabulario
보까불라리오

▸ profesor/a 쁘로뻬쏘르/쁘로뻬쏘라	선생님	▸*inglés/a 잉글레쓰	영국 사람 영어(남성형)
▸ estudiante 에스뚜디안떼	학생	▸*francés/a 쁘란쎄쓰	프랑스 사람 프랑스어(남성형)
▸ hablar 아블라르	말하다	▸ estadounidense 에스따도우니덴쎄	미국사람
▸ pensar 뻰싸르	생각하다	▸*italiano/a 이딸리아노	이탈리아 사람 이탈리아어(남성형)
▸ creer 끄레에르	믿다, 생각하다	▸*alemán/a 알레만	독일 사람 독일어(남성형)
▸ la nacionalidad 나시오날리닫	국적	▸*portugués/a 쁘로뚜게쓰	포르투갈 사람 포르투갈어(남성형)
▸*coreano/a 꼬레아노	한국 사람 한국어	▸*argentino/a 아르헨띠노	아르헨티나 사람
▸*español/a 에스빠뇰	스페인 사람 스페인어(남성형)	▸*mexicano/a 메히까노	멕시코 사람
▸*chino/a 치노	중국 사람 중국어(남성형)	▸*ruso/a 루쏘	러시아 사람 러시아어(남성형)
▸*japonés/a 하보네쓰	일본 사람 일본어(남성형)	▸*suizo/a 쑤이쏘	스위스 사람

* −o(남성형)/−a(여성형)   * 국적표기 시 여성형 악센트 없음.

Pronunciación & Interpretación
쁘로눈씨아씨온   인떼르쁘레따씨온

Mi   profesor
미   쁘로뻬쏘르
나의 교사, 선생님, 교수님

Mi   profesor   de   español
미   쁘로뻬쏘르   데   에스빠뇰
나의   선생님   ~의   스페인어

Mi   profesor   de   español   es   colombiano.
미   쁘로뻬쏘르   데   에스빠뇰   에쓰   꼴롬비아노
나의   선생님   ~의   스페인어   ~이다 콜롬비아 사람(남성)

Pero
뻬로
그러나, 아무튼, 그런데

Pero   él   habla
뻬로   엘   아블라
그런데   그   그가 말하다

él   habla   muy   bien
엘   아블라   무이   비엔
그   그가 말하다 매우   잘

habla   muy   bien   coreano.
아블라   무이   비엔   꼬레아노
그가 말하다 매우   잘   한국어

Conjugación
꼰후가씨온

SABER 알다, 알고 있다
싸베르

Yo 나 요	Sé 쎄	Nosotros 우리들 노쏘뜨로쓰 Nosotras 노쏘뜨라쓰		Sabemos 싸베모쓰
Tú 너 뚜	Sabes 싸베쓰	Vosotros 너희들 보쏘뜨로쓰 Vosotras 보쏘뜨라쓰		Sabéis 싸베이쓰
Usted 당신 우스떼드 Él 그 엘 Ella 그녀 에야	Sabe 싸베	Ustedes 당신들 우스떼데스 Ellos 그들 에요쓰 Ellas 그녀들 에야쓰		Saben 싸벤

CONOCER 알다, 알고 있다
꼬노쎄르   (학문이나 기술 등에) 정통하고 있다, (사람을) 서로 알고 있다

Yo 나 요	Conozco 꼬노쓰꼬	Nosotros 우리들 노쏘뜨로쓰 Nosotras 노쏘뜨라쓰		Conocemos 꼬노쎄모쓰
Tú 너 뚜	Conoces 꼬노쎄쓰	Vosotros 너희들 보쏘뜨로쓰 Vosotras 보쏘뜨라쓰		Conocéis 꼬노쎄이쓰
Usted 당신 우스떼드 Él 그 엘 Ella 그녀 에야	Conoce 꼬노쎄	Ustedes 당신들 우스떼데스 Ellos 그들 에요쓰 Ellas 그녀들 에야쓰		Conocen 꼬노쎈

* 참조 : Nosotros / Ellos = 남자들만 있거나 남녀혼합일 경우 사용.

HABLAR 말하다 / (언어를) 말하다, 사용하다
아블라르

Yo 나 요	Hablo 아블로	Nosotros 우리들 노쏘뜨로쓰 Nosotras 노쏘뜨라쓰	Hablamos 아블라모쓰
Tú 너 뚜	Hablas 아블라쓰	Vosotros 너희들 보쏘뜨로쓰 Vosotras 보쏘뜨라쓰	Habláis 아블라이쓰
Usted 당신 우스떼드 Él 그 엘 Ella 그녀 에야	Habla 아블라	Ustedes 당신들 우스떼데스 Ellos 그들 에요쓰 Ellas 그녀들 에야쓰	Hablan 아블란

ESCRIBIR 쓰다, 짓다
에스끄리비르

Yo 나 요	Escribo 에스끄리보	Nosotros 우리들 노쏘뜨로쓰 Nosotras 노쏘뜨라쓰	Escribimos 에스끄리비모쓰
Tú 너 뚜	Escribes 에스끄리베쓰	Vosotros 너희들 보쏘뜨로쓰 Vosotras 보쏘뜨라쓰	Escribís 에스끄리비쓰
Usted 당신 우스떼드 Él 그 엘 Ella 그녀 에야	Escribe 에스끄리베	Ustedes 당신들 우스떼데스 Ellos 그들 에요쓰 Ellas 그녀들 에야쓰	Escriben 에스끄리벤

Expresión
엑쓰쁘레씨온

SABER : 알다, 알고 있다
싸베르

— Lo sé.

로 쎄

나 그거 알아.

— No sé. / No lo sé.

노 쎄 노 로 쎄

몰라. / 나 그거 몰라.

— Luis sabe tocar la guitarra.

루이쓰 싸베 또까르 라 기따라

Luis는 기타를 칠 줄 안다.

— Saben que hablo español.

싸벤 께 아블로 에스빠뇰

그들은 내가 스페인어 하는 걸 안다.

HABLAR : 말하다 / (언어를) 말하다, 사용하다
아블라르

— Yo hablo muy bien español.

요 아블로 무이 비엔 에스빠뇰

나는 스페인어를 매우 잘한다.

— Belisa habla un poco de chino.

벨리싸 아블라 운 뽀꼬 데 치노

Belisa는 중국어를 조금 한다.

— Hablan tres idiomas; coreano, inglés y español.

아블란 뜨레쓰 이디오마쓰 꼬레아노 잉글레쓰 이 에스빠뇰

그들은 세 가지 언어를 한다; 한국어, 영어 그리고 스페인어.

— Se habla inglés en Inglaterra.

쎄 아블라 잉글레쓰 엔 잉글라떼라

영국에서는 영어를 사용한다.

Conversaión
꼰베르싸씨온

1. ¿De dónde eres?
   데 돈데 에레쓰

   →Soy de Argentina.
   쏘이 데 아르헨띠나

   너 어느 나라 사람이야?

   나 아르헨티나 사람이야.

2. ¿De dónde eres?
   데 돈데 에레쓰

   →Soy alemán.
   쏘이 알레만

   너 어느 나라 사람이야?

   나 독일사람(남성)이야.

3. ¿Son españoles?
   쏜 에스빠뇰레쓰

   →Sí, son españoles.
   씨 쏜 에스빠뇰레스

   스페인 사람들이야?

   응, 스페인 사람들이야.

4. ¿Hablas bien el español?
   아블라쓰 비엔 엘 에스빠뇰

   →Hablo un poco de español.
   아블로 운 뽀꼬 데 에스빠뇰

   너 스페인어 잘해?

   나 스페인어 조금 해.

5. ¿Hablas bien el coreano?
   아블라쓰 비엔 엘 꼬레아노

   →Sí, hablo muy bien el
   씨 아블로 무이 비엔 엘
   coreano.
   꼬레아노

   너 한국어 잘해?

   응, 나 한국어 엄청 잘해.

Escribe tu frase
에스끄리베　뚜　쁘라쎄

당신의 글을 쓰세요.

Quien anda mucho y lee mucho, ve mucho y sabe mucho.

많이 걷고 많이 읽는 사람은, 많은 것을 보고 많은 것을 안다.

Don Quijote
돈키호테

Dos besos
볼 뽀뽀

스페인에 도착한 날, 홈스테이 할아버지, 할머니의 세 딸과 그들의 가족, 남자 친구들이 한자리에 모였었다. 첫날부터 나는 모든 가족과 인사를 나누게 되었는데 '¡Hola!'하며 인사를 나누는 것에 익숙해지기도 전에 나는 볼 뽀뽀 문화에도 한꺼번에 적응해야 했다.

나는 분위기에 휩쓸려 자연스럽게 세 딸들과 볼 뽀뽀를 하며 인사를 나눴다. 그리고 첫째 딸의 남편과, 둘째와 셋째 딸의 남자친구들과 인사를 나눠야 할 때, '이래도 되나?'라는 생각이 먼저 들었다. 썩 내키지는 않았지만 아무렇지 않은 척 볼 뽀뽀를 하며 인사를 했다. 그 와중에 따갑고 덥수룩한 수염 느낌도 낯설었다. 이 당연하고 별거 없는 인사를 하며 '내가 진짜 스페인에 왔구나'를 또 한 번 느꼈다.

나는 그렇게 볼 뽀뽀에 익숙해졌고 먼저 다가가 볼 뽀뽀를 하며 인사를 나누는 여유까지 생겼었다. 그런데 얼굴이 땀으로 뒤덮인 사람들과 인사를 나눠야 할 때는 조금 찜찜했다. '스페인 사람들은 태어났을 때부터 이렇게 인사를 나누어서 이런 상황에도 아무렇지도 않나?'궁금했다.

그리고 얼마 안 가 궁금증은 해결되었다. 내가 묻기도 전에 땀이 잔뜩 난 사람과 인사를 나누던 스페인 친구가 얼굴을 찡그리며 나를 쳐다보고 있었다. 역시 사람 사는 건 어디든 똑같나 보다.

Mañana es un gran día.
마냐나 에쓰 운 그란 디아.

¡Voy a España! Y estoy muy nerviosa.
보이 아 에스빠냐! 이 에스또이 무이 네르비오싸.

내일은 중요한 날이다.

나 스페인 간다! 너무 떨려!

이번 단원에서는 '건강상태'에 관한 것을 배웁니다.
- Tener, Comer, Tomar, Beber의 동사활용
- Ahora, Tengo를 활용한 표현

Vocabulario
보까불라리오

▸ el gripe 엘 그리뻬	유행성 감기	▸ el calor 엘 깔로르	더움, 더위
▸*resfriado/a 레스쁘리아도/레스쁘리아다	감기	▸ el miedo 엘 미에도	공포, 두려움
▸ la fiebre 라 삐에브레	(병에 의한) 열	▸ triste 뜨리스떼	슬픔에 잠긴
▸ doler 돌레르	(아픈 부위가 주 어) 아프다	▸ el sueño 엘 쑤에뇨	잠, 졸음, 꿈
▸*enfermo/a 엔뻬르모/엔뻬르마	아픈, 병에 걸린	▸*lleno/a 예노/예나	(~로) 가득 찬, 넘치는
▸*nervioso/a 네르비오쏘/네르비오싸	긴장한	▸ feliz 뻴리스	행복한, 기쁜 = alegre 알레그레
▸*preocupado/a 쁘레오꾸빠도/쁘레오꾸빠다	걱정하는, 걱정하고 있는	▸*contento/a 꼰뗀또/꼰뗀따	만족한
▸ la hambre 라 암브레	배고픔	▸*enfadado/a 엔빠다도/엔빠다다	화가 난
▸ la sed 라 쎄드	갈증	▸*ocupado/a 오꾸빠도/오꾸빠다	바쁜
▸ el frío 엘 쁘리오	추위	▸*cansado/a 깐싸도/깐싸다	피곤한

* 주어의 성별에 따라 -o/-a(남성형/여성형) 구별하여 사용.

Pronunciación & Interpretación
쁘로눈씨아씨온   인떼르쁘레따씨온

Mañana
마냐나
내일

Mañana   es   un   gran   día.
마냐나   에쓰   운   그란   디아
내일   ~이다   하나의   큰, 위대한   날, 하루

Voy   a
보이   아
내가 가다   ~에(로)

Voy   a   España.
보이   아   에스빠냐
내가 가다   ~에(로)   스페인

Y
이
그리고, 또 / 그래서 / ~과, ~와 / 그런데, 그러나

Y   estoy
이   에스또이
그런데   내 상태가 ~이다

estoy   muy   nerviosa.
에스또이   무이   네르비오싸
내 (상태가) ~이다   매우   긴장한, 겁내는, 불안한

Conjugación
꼰후가씨온

TENER (무엇을) 가지고 있다, 가지다/(가족이나 친구 등이) 있다
떼네르

Yo 나 요	Tengo 땡고	Nosotros 우리들 노쏘뜨로쓰 Nosotras 노쏘뜨라쓰		Tenemos 떼네모쓰
Tú 너 뚜	Tienes 띠에네쓰	Vosotros 너희들 보쏘뜨로쓰 Vosotras 보쏘뜨라쓰		Tenéis 떼네이쓰
Usted 당신 우스떼드 Él 그 엘 Ella 그녀 에야	Tiene 띠에네	Ustedes 당신들 우스떼데스 Ellos 그들 에요쓰 Ellas 그녀들 에야쓰		Tienen 띠에넨

COMER 먹다
꼬메르

Yo 나 요	Como 꼬모	Nosotros 우리들 노쏘뜨로쓰 Nosotras 노쏘뜨라쓰		Comemos 꼬메모쓰
Tú 너 뚜	Comes 꼬메쓰	Vosotros 너희들 보쏘뜨로쓰 Vosotras 보쏘뜨라쓰		Coméis 꼬메이쓰
Usted 당신 우스떼드 Él 그 엘 Ella 그녀 에야	Come 꼬메	Ustedes 당신들 우스떼데스 Ellos 그들 에요쓰 Ellas 그녀들 에야쓰		Comen 꼬멘

* 참조 : Nosotros / Ellos = 남자들만 있거나 남녀혼합일 경우 사용.

TOMAR (음식이나 음료수 등을) 먹다, 마시다/(무엇을 손으로) 잡다
또마르

Yo 나 요	Tomo 또모	Nosotros 우리들 노쏘뜨로쓰 Nosotras 노쏘뜨라쓰	Tomamos 또마모쓰
Tú 너 뚜	Tomas 또마쓰	Vosotros 너희들 보쏘뜨로쓰 Vosotras 보쏘뜨라쓰	Tomáis 또마이쓰
Usted 당신 우스떼드 Él 그 엘 Ella 그녀 에야	Toma 또마	Ustedes 당신들 우스떼데스 Ellos 그들 에요쓰 Ellas 그녀들 에야쓰	Toman 또만

BEBER 마시다
베베르

Yo 나 요	Bebo 베보	Nosotros 우리들 노쏘뜨로쓰 Nosotras 노쏘뜨라쓰	Bebemos 베베모쓰
Tú 너 뚜	Bebes 베베쓰	Vosotros 너희들 보쏘뜨로쓰 Vosotras 보쏘뜨라쓰	Bebéis 베베이쓰
Usted 당신 우스떼드 Él 그 엘 Ella 그녀 에야	Bebe 베베	Ustedes 당신들 우스떼데스 Ellos 그들 에요쓰 Ellas 그녀들 에야쓰	Beben 베벤

Expresión
엑쓰쁘레씨온

AHORA : 지금, 현재
아오라

— Ahora vuelvo.

아오라　　부엘보

곧 돌아올게.

— Ahora empieza.

아오라　　엠삐에싸

지금 시작한다.

— Ahora puedo hacerlo.

아오라　　뿌에도　　아쎄를로

나는 지금 그것을 할 수 있다.

— Ahora no tengo tiempo.

아오라　　노　　뗑고　　띠엠뽀

나는 지금 시간이 없다.

TENGO : 내가 가지고 있다.
떵고

— Tengo mucho sueño.
떵고　　무초　　쑤에뇨

나는 매우 덥다.

— Tengo fiebre.
떵고　삐에브레

나는 열이 난다.

— Tengo frío.
떵고　쁘리오

나는 춥다.

— Tengo mucho calor.
떵고　　무초　　깔로르

나는 매우 춥다.

49

Conversaión
꼰베르싸씨온

1. ¿Qué te pasa?
   께 떼 빠싸

   너 무슨 일 있어? (=괜찮아?)

   →Tengo gripe.
   뗑고 그리뻬

   나 감기 걸렸어.

2. ¿Te pasa algo?
   떼 빠싸 알고

   너 무슨 일 있어? (=괜찮아?)

   →Tengo mucha sed.
   뗑고 무차 쎄드

   나 너무 목말라.

3. ¿Estás bien?
   에스따쓰 비엔

   너 괜찮아?

   →No, tengo mucho frío.
   노 뗑고 무초 쁘리오

   아니, 나 너무 추워.

4. ¿Quieres comer pan?
   끼에레쓰 꼬메르 빤

   너 빵 먹을래?

   →Sí, por favor.
   씨 뽀르 빠보르

   응.

5. ¿Qué vas a beber?
   께 바쓰 아 베베르

   너 뭐 마실 거야?

   →Voy a beber agua.
   보이 아 베베르 아구아

   물 마실 거야.

Escribe tu frase

에스끄리베 뚜 쁘라쎄

당신의 글을 쓰세요.

Nunca sueño cuando duermo,
sino cuando estoy despierto.

나는 잠을 잘 때 꿈을 꾸지 않는다.
나는 깨어있을 때 꿈을 꾼다.

Juan Miró
후안 미로

Mes
메쓰

A : ¿Qué fecha es hoy?　　오늘 몇 일이에요?
께　　빼차　에쓰　오이

B : Es el 25 de diciembre.　12월 25일이에요.
에쓰 엘 베인띠씬꼬 데 디씨엠브레

1월	2월	3월	4월
enero 에네로	febrero 뻬브레로	marzo 마르쏘	abril 아브릴
5월	6월	7월	8월
mayo 마요	junio 후니오	julio 훌리오	agosto 아고스또
9월	10월	11월	12월
septiembre 쎕띠엠브레	octubre 옥뚜브레	noviembre 노비엠브레	diciembre 디씨엠브레

¡Por fin, estoy en Madrid!
뽀르 삔 에스또이 엔 마드릳!

Pero me duele todo el cuerpo por la tensión.
뻬로 메 두엘레 또도 엘 꾸에르뽀 뽀르 라 뗀씨온.

드디어 마드리드에 왔다!

그런데 긴장해서 그런지 온 몸이 아프다.

> **이번 단원에서는 '건강상태'에 관한 것을 배웁니다.**
> – Poder, Doler, Salir, Volver의 동사활용
> – Me duele, Tengo 를 활용한 표현

Vocabulario
보까불라리오

‣ **la cabeza** 머리
라　까베싸

‣ **la cara** 얼굴
라　까라

‣ **la mano** 손
라　마노
*las manos 양손
라쓰　마노쓰

‣ **el brazo** 팔
엘　브라쏘
*los brazos 양팔
로쓰　브라쏘쓰

‣ **el dedo** 손가락(한 개)
엘　데도
*los dedos 손가락들
로쓰　데도쓰

‣ **el estómago** 배
엘　에스또마고

‣ **la espalda** 등
라　에스빨다

‣ **la pierna** 다리
라　삐에르나
*las piernas 양 다리
라쓰　삐에르나쓰

‣ **el pie** 발
엘　삐에
*los pies 양 발
로쓰　삐에쓰

‣ **los ojos** (양 쪽)눈
로쓰　오호쓰
*el ojo 한 눈
엘　오호

‣ **la nariz** 코
라　나리쓰

‣ **la boca** 입
라　보까
*los labios 입술
로쓰　라비오쓰

‣ **la oreja** 귀
라　오레하
*las orejas 양쪽 귀
라쓰　오레하쓰

‣ **el cuello** 목
엘　꾸에요

‣ **la garganta** 목구멍
라　가르간따

‣ **el pecho** 가슴
엘　뻬초

‣ **la cintura** 허리
라　씬뚜라

‣ **el pelo** 머리카락
엘　뻴로

‣ **los dientes** 치아
로쓰　디엔떼쓰
*el diente 이 하나
엘　디엔떼

‣ **el cuerpo** 몸
엘　꾸에르뽀

Pronunciación & Interpretación
쁘로눈씨아씨온   인떼르쁘레따씨온

Por fin
쁘르 삔
드디어, 마침내, 결국

Por fin,   estoy   en   Madrid.
쁘르 삔   에스또이   엔   마드릳
 드디어   내가 (장소에) 있다   (장소)~에   마드리드

Pero
뻬로
그러나, 아무튼, 그런데

Pero   me   duele
뻬로   메   두엘레
그런데   나는   (아픈 부위가 주어) 아프다

me   duele   todo
메   두엘레   또도
나는   아프다   모든, 온갖 / 모든 것, 전부

me   duele   todo   el cuerpo
메   두엘레   또도   엘 꾸에르뽀
나는   아프다   온   몸

por   la tensión.
쁘르   라   뗀씨온
(이유, 원인) ~으로, ~ 때문에   긴장

Conjugación
꼰후가씨온

PODER ~할 수 있다
뽀데르

Yo 나 요	Puedo 뿌에도	Nosotros 우리들 노쏘뜨로쓰 Nosotras 노쏘뜨라쓰	Podemos 뽀데모쓰
Tú 너 뚜	Puedes 뿌에데쓰	Vosotros 너희들 보쏘뜨로쓰 Vosotras 보쏘뜨라쓰	Podéis 뽀데이쓰
Usted 당신 우스떼드 Él 그 엘 Ella 그녀 에야	Puede 뿌에데	Ustedes 당신들 우스떼데스 Ellos 그들 에요쓰 Ellas 그녀들 에야쓰	Pueden 뿌에덴

DOLER (아픈 부위가 주어) 아프다
돌레르

Yo 나 요	Duelo 두엘로	Nosotros 우리들 노쏘뜨로쓰 Nosotras 노쏘뜨라쓰	Dolemos 돌레모쓰
Tú 너 뚜	Dueles 두엘레쓰	Vosotros 너희들 보쏘뜨로쓰 Vosotras 보쏘뜨라쓰	Doléis 돌레이쓰
Usted 당신 우스떼드 Él 그 엘 Ella 그녀 에야	Duele 두엘레	Ustedes 당신들 우스떼데스 Ellos 그들 에요쓰 Ellas 그녀들 에야쓰	Duelen 두엘렌

* 참조 : Nosotros / Ellos = 남자들만 있거나 남녀혼합일 경우 사용.

SALIR (+de) ~에서 나가다, 나오다
쌀리르

Yo 나 요	Salgo 쌀고	Nosotros 우리들 노쓰뜨로쓰 Nosotras 노쓰뜨라쓰	Salimos 쌀리모쓰
Tú 너 뚜	Sales 쌀레쓰	Vosotros 너희들 보쓰뜨로쓰 Vosotras 보쓰뜨라쓰	Salís 쌀리쓰
Usted 당신 우스떼드 Él 그 엘 Ella 그녀 에야	Sale 쌀레	Ustedes 당신들 우스떼데스 Ellos 그들 에요쓰 Ellas 그녀들 에야쓰	Salen 쌀렌

VOLVER (+a) ~로 돌아오다, 돌아가다
볼베르

Yo 나 요	Vuelvo 부엘보	Nosotros 우리들 노쓰뜨로쓰 Nosotras 노쓰뜨라쓰	Volvemos 볼베모쓰
Tú 너 뚜	Vuelves 부엘베쓰	Vosotros 너희들 보쓰뜨로쓰 Vosotras 보쓰뜨라쓰	Volvéis 볼베이쓰
Usted 당신 우스떼드 Él 그 엘 Ella 그녀 에야	Vuelve 부엘베	Ustedes 당신들 우스떼데스 Ellos 그들 에요쓰 Ellas 그녀들 에야쓰	Vuelven 부엘벤

Expresión
엑쓰쁘레씨온

ME DUELE/DUELEN : (아픈 부위가 주어) 내가 아프다
메　　두엘레　　　두엘렌

— Me duele mucho la espalda.

메　　두엘레　　무초　　라　에스빨다

나는 등이 매우 아프다.

— Me duele el corazón.

메　　두엘레　　엘　　꼬라쏜

나는 마음이 아프다.

— Me duelen los pies.

메　　두엘렌　　로쓰　삐에쓰

나는 발이 아프다.

— Me duelen un poco las piernas.

메　　두엘렌　　운　　뽀꼬　라쓰　삐에르나쓰

나는 다리가 조금 아프다.

TENGO : 내가 가지고 있다.
떼고

— Tengo mucho dolor de estómago.

떼고　무초　돌로르　데　에스또마고

나는 배가 매우 아프다.

— Tengo dolor de cabeza.

떼고　돌로르　데　까베싸

나는 머리가 아프다.

— Tengo un poco de dolor de hombros.

떼고　운　뽀꼬　데　돌로르　데　옴브로쓰

나는 어깨가 조금 아프다.

— Tengo gripe.

떼고　그리뻬

나는 감기에 걸렸다.

Conversaión
꼰베르싸씨온

1. ¿Qué te pasa?
   께 떼 빠싸

   너 무슨 일 있어? (=괜찮아?)

   →Me duele mucho la
   메 두엘레 무초 라
   cabeza.
   까베싸

   나 머리가 너무 아파.

2. ¿Te pasa algo?
   떼 빠싸 알고

   너 무슨 일 있어? (=괜찮아?)

   →Tengo dolor de ojos.
   뗑고 돌로르 데 오호쓰

   나 눈이 아파.

3. ¿Estás bien?
   에스따쓰 비엔

   너 괜찮아?

   →No, tengo gripe.
   노 뗑고 그리뻬

   아니, 나 감기 걸렸어.

4. ¿Te encuentras bien?
   떼 엔꾸엔뜨라쓰 비엔

   너 괜찮아?

   →Me duele un poco la
   메 두엘레 운 뽀꼬 라
   garganta.
   가르간따

   목(목구멍)이 조금 아파.

5. Tienes que descansar.
   띠에네쓰 께 데스깐싸르

   너는 쉬어야 해.

   →Vale, gracias.
   발레 그라시아쓰

   알겠어, 고마워.

Escribe tu frase
에스끄리베 뚜 쁘라쎄

당신의 글을 쓰세요.

Considérate viejo cuando tengas más recuerdos que sueños.

꿈보다 추억이 더 많다면 나이 든 것이다.

Diego Velázquez
디에고 벨라스케스

Voy a ser flaca.

나 말라깽이가 될 것 같아.

스페인에 도착해서 나의 첫 끼는 Cocido(코시도; 고기와 채소, 콩 등을 큰 솥에 넣어 끓인 수프)였다. 코시도를 처음 본 나에게 유독 완두 콩이 많이 들어가 초록빛을 띈 그 수프는 마치 빨강 머리 앤에 나오는 수프 같았다.

앤도 싫어하던 초록 수프.

더욱이 그 당시만 해도 채소를 썩 좋아하지 않던 나였기에 그 수프는 먹을 것이 없어 보였다. 스무 살쯤 되어 보이는 한국 여자아이가 신발을 신고 들어오는 새로운 집 문화와 처음 본 초록색 수프에 적응을 못해 보였는지 홈스테이 할아버지 'Pepe'는 계속 내 접시에 음식을 담아 주셨다.

'괜찮아요!'라는 말조차 내가 하려는 말이 맞는지 확실치 않아 나는 그렇게 묵묵히 먹었다. 그리고 생각했다.

나 한국에 돌아갈 때쯤에 삐쩍 말라있겠다! 나쁘지 않네, 자동 다이어트!

그 후 방으로 돌아온 나는 돌아갈 때까지 버틸 수 있을까? 생각하며 이민 가방 같이 큰 가방에 챙겨온 스팸과 김, 햇반 개수를 세고 있었다.

그때까지만 해도 몰랐다. 스페인에 있을 동안 5kg이나 살이 찔 줄은....!

그리고 지금 나에게 코시도는 스페인이 그리울 때마다 먹게 되는 나의 favorite 음식 중 하나이다.

Dice que cuando hace buen tiempo,
디쎄 께 꽌도 아쎄 부엔 띠엠뽀

los madrileños van al Parque de Retiro
로쓰 마드릴레뇨쓰 반 알 빠르께 데 레띠로

para tomar el sol y broncear su piel.
빠라 또마르 엘 쏠 이 브론쎄아르 쑤 삐엘

Voy a intentarlo también.
보이 아 인뗀따를로 땀비엔

마드리드 사람들은 날씨가 화창한 날에

햇볕을 쬐고 태닝을 하러 레띠로 공원에 간다고 한다.

나도 한 번 시도해봐야겠다.

> **이번 단원에서는 '다양한 활동'에 관한 것을 배웁니다.**
> – Decir, Disfrutar, Broncear, Intentar의 동사활용
> – Dice que, Cuando를 활용한 표현

Vocabulario
보까불라리오

▸ **ir de picnic** 소풍가다
이르 데 삐끄닉
=ir de excursión
이르 데 엑스꾸르씨온

▸ **ir al concierto** 콘서트 가다
이르 알 꼰씨에르또

▸ **ir de compras** 쇼핑하다
이르 데 꼼쁘라쓰

▸ **ir al campo** 시골에 가다
이르 알   깜뽀

▸ **hacer la compra** 장보다
아쎄르 라 꼼쁘라

▸ **ir al centro comercial** 쇼핑센터에 가다
이르 알 쎈뜨로
꼬메르시알

▸ **montar en bicicleta** 자전거 타다
몬따르 엔
비씨끌레따

▸ **cocinar** 요리하다
꼬씨나르

▸ **montar a caballo** 말 타다
몬따르 아 까바요

▸ **comer fuera** 외식하다
꼬메르 뿌에라

▸ **esquiar** 스키 타다
에스끼아르

▸ **comer en casa** 집에서 먹다
꼬메르 엔
까사

▸ **nadar** 수영하다
나다르

▸ **pasear** 산책하다
빠쎄아르
=ir de paseo
이르 데 빠쎄오

▸ **patinar** 스케이트 타다
빠띠나르

▸ **escuchar la música** 음악을 듣다
에스꾸차르 라
무씨까

▸ **correr** 달리다
꼬레르

▸ **leer los libros** 책을 읽다
레에르 로쓰 리브로쓰

▸ **ver la exposición** 전시회 가다
베르 라 엑스뽀씨씨온

▸ **lavar la ropa** 세탁하다
라바르 라 로빠

Pronunciación & Interpretación
쁘로눈씨아씨온   인떼르쁘레따씨온

Dice   que
디쎄   께
사람들이 말하다   ~한다고

Dice   que   cuando
디쎄   께   꽌도
말하다   ~한다고   ~할 때

cuando   hace   buen   tiempo
꽌도   아쎄   부엔   띠엠뽀
~할 때   하다   좋은   날씨

los madrileños
로쓰   마드릴레뇨쓰
마드리드 사람들

los madrileños   van   al   Parque   de   Retiro
로쓰   마드릴레뇨쓰   반   알   빠르께   데   레띠로
마드리드 사람들   가다   ~에[로]   공원   ~의   레띠로

para   tomar   el sol
빠라   또마르   엘 쏠
~을 위하여   받다   태양, 해

y   broncear   su   piel.
이   브론쎄아르   쑤   삐엘
그리고   구릿빛으로 만들다   그들의   피부, 살갗

Voy a
보이 아
내가 ~할 것이다

Voy a   intentarlo
보이 아   인뗀따를로
내가 ~할 것이다   시도하다 그것을

intentarlo   también.
인뗀따를로   땀비엔
시도하다 그것을   ~도, 역시, 또한

65

Conjugación
꼰후가씨온

DECIR 말하다, 의견을 말하다
데씨르

Yo 나	Digo 디고	Nosotros 우리들 Nosotras	Decimos 데씨모쓰
Tú 너	Dices 디쎄쓰	Vosotros 너희들 Vosotras	Decís 데씨쓰
Usted 당신 Él 그 Ella 그녀	Dice 디쎄	Ustedes 당신들 Ellos 그들 Ellas 그녀들	Dicen 디쎈

DISFRUTAR (무엇을) 즐기다 / (+de 무엇을) 즐기다, 누리다
디스쁘루따르

Yo 나	Disfruto 디스쁘루또	Nosotros 우리들 Nosotras	Disfrutamos 디스쁘루따모쓰
Tú 너	Disfrutas 디스쁘루따쓰	Vosotros 너희들 Vosotras	Disfrutáis 디스쁘루따이쓰
Usted 당신 Él 그 Ella 그녀	Disfruta 디스쁘루따	Ustedes 당신들 Ellos 그들 Ellas 그녀들	Disfrutan 디스쁘루딴

* 참조 : Nosotros / Ellos = 남자들만 있거나 남녀혼합일 경우 사용.

BRONCEAR 구릿빛으로 만들다, 햇볕에 피부를 태우다
브론쎄아르

Yo 나	Bronceo 브론쎄오	Nosotros 우리들 Nosotras	Bronceamos 브론쎄아모쓰
Tú 너	Bronceas 브론쎄아쓰	Vosotros 너희들 Vosotras	Bronceáis 브론쎄아이쓰
Usted 당신 Él 그 Ella 그녀	Broncea 브론쎄아	Ustedes 당신들 Ellos 그들 Ellas 그녀들	Broncean 브론쎄안

INTENTAR 의도하다, 시도하다, (~하려고) 생각하다
인뗀따르

Yo 나	Intento 인뗀또	Nosotros 우리들 Nosotras	Intentamos 인뗀따모쓰
Tú 너	Intentas 인뗀따쓰	Vosotros 너희들 Vosotras	Intentáis 인뗀따이쓰
Usted 당신 Él 그 Ella 그녀	Intenta 인뗀따	Ustedes 당신들 Ellos 그들 Ellas 그녀들	Intentan 인뗀딴

Expresión
엑쓰쁘레씨온

DICE QUE : ~라고 당신·그·그녀가 말하다 /
디쎄   께
~라고 사람들이 말하다

— Dice que sí.

디쎄   께   씨

(그·그녀가) 알겠다고 한다.

— Dice que va a venir.

디쎄   께   바 아 베니르

(그·그녀가) 올 거라고 한다.

— Marío dice que me quiere.

마리오 디쎄   께   메   끼에레

Marío 가 나를 사랑한다고 한다.

— Dice que tiene mucho que hacer.

디쎄   께   띠에네   무초   께   아쎄르

(그·그녀가) 할 일이 많다고 한다.

CUANDO : ~할 때, ~한 경우에
꽌도

— Tomo café cuando trabajo.

또모   까뻬   꽌도   뜨라바호

나는 일할 때 커피를 마신다.

— Cuando quedamos, comemos mucho.

꽌도   께다모쓰   꼬메모쓰   무초

우리는 만나면 많이 먹는다.

— Leo los libros cuando tengo tiempo libre.

레오 로쓰 리브로쓰 꽌도   뗑고   띠엠뽀 리브레

나는 자유시간에 책을 읽는다.

— Cuando tengo vacaciones, voy a la playa.

꽌도   뗑고   바까씨오네쓰   보이 알 라 쁠라야

나는 휴가 때 해변에 간다.

Conversaión
꼰베르싸씨온

1. ¿Qué haces hoy?
   께 아쎄쓰 오이

   →Voy al centro comercial.
   보이 알 쎈뜨로 꼬메르씨알

   너 오늘 뭐해?

   나 쇼핑센터 가.

2. ¿Qué haces mañana?
   께 아쎄쓰 마냐나

   →Voy de compras.
   보이 데 꼼쁘라쓰

   너 내일 뭐해?

   나 쇼핑 가.

3. ¿Qué haces el fin de semana?
   께 아쎄쓰 엘 삔 데
   쎄마나

   →Voy a la iglesia.
   보이 알 라 이그레씨아

   너 주말에 뭐해?

   나 교회 가.

4. ¿Qué vas a hacer mañana?
   께 바쓰 아 아쎄르 마냐나

   →Voy a montar en bicicleta en el parque.
   보이 아 몬따르 엔 비씨끌레따
   엔 엘 빠르께

   너 내일 뭐할 거야?

   공원에서 자전거 탈거야.

5. ¿Qué vas a hacer este fin de semana?
   께 바쓰 아 아쎄르 에스떼 삔 데
   쎄마나

   →Voy a ver la exposición de Picasso.
   보이 아 베르 라 엑쓰뽀씨씨온 데
   삐까소

   너 이번 주말에 뭐할 거야?

   피카소 전시회 보러 갈 거야.

Escribe tu frase

에스끄리베 뚜 쁘라쎄

당신의 글을 쓰세요.

Sólo deja para mañana lo que estás dispuesto sin hacer al morir.

안 하고 죽어도 좋은 일만 내일로 미뤄라.

Pablo Picasso
파블로 피카소

Móvil
핸드폰

스페인으로 어학연수를 가기 전 나는 스마트폰이 아닌 일반 핸드폰을 썼었다. 주로 문자로 연락을 주고받던 때라 스페인에서의 핸드폰 사용에 관하여 무지하였다. 나는 핸드폰 없이 그냥 떠나는 것을 선택했었다.

그런데 웬걸.. 스페인 사람들, 대부분 스마트폰 쓰는구나...

나만 조선시대에서 온 줄 알았다.

심지어 한국만큼은 아니지만 종종 공공장소에서 와이파이도 돼서 스마트폰만 가져왔으면 핸드폰 문제는 바로 해결이었다. 내가 바보같이 느껴졌지만, 그 때 챙겨갔던 mp3로 위안 받았다. 핸드폰도 없는 나를 보고 홈스테이 할아버지께서는 이전에 홈스테이 학생이 쓰고 갔던 폴더폰을 빌려주셨고 나중에는 스마트폰으로 바꿔주셨다. 유학생들은 주로 노트북을 사용해서 간단한 통화용으로 폴더폰을 사용하는 학생들이 많다고 위로 아닌 위로까지 해주셨다.

폴더폰은 스페인 길거리에서 흔히 볼 수 있는 'TABACOS'라고 써져 있는 담배 가게에서 충전을 원하는 금액과 핸드폰 번호를 제시하여 사용하면 되고 스마트폰은 MOVISTAR나 TELEFONICA와 같은 통신 브랜드에 가서 유심칩을 구매하여 사용하면 된다. 이렇게 간단한 것을 내가 어학연수를 떠나기 전 많은 사람들에게 질문을 하였을 때 누구 하나 속 시원하게 대답해주는 사람이 없었다. 역시 직접 겪어보고 경험해보는 것이 최고의 공부라는 말이 맞는 것 같다.

Paseo con el abuelo de la familia
빠쎄오 꼰 엘 아부엘로 델 라 빠밀리아

de acogida y su perro todas las noches.
데 아꼬히다 이 쑤 뻬로 또다쓰 라쓰 노체쓰

Paso muy buen tiempo con ellos.
빠쏘 무이 부엔 띠엠뽀 꼰 에요쓰

나는 매일 밤 홈스테이 할아버지랑 할아버지의 강아지와 산책한다.

너무 좋은 시간이다.

이번 단원에서는 '다양한 활동'에 관한 것을 배웁니다.

- Pasear, Pasar, Ver, Mirar의 동사활용
- Pasear, Pasar buen tiempo를 활용한 표현

Vocabulario
보까불라리오

▸ **quedar (con)**
께다르 (꼰)
(~와) 만나다

▸ **tomar café**
또마르 까뻬
커피를 마시다

▸ **tener cita (con)**
떼네르 씨따 (꼰)
(~와) 약속이 있다

▸ **ir de copas**
이르 데 꼬빠쓰
술 마시러 가다

▸ **hacer la limpieza**
아쎄르 라 림삐에싸
청소하다

▸ **jugar a los juegos de móvil**
후가르 알 로쓰 후에고쓰 데 모빌
핸드폰 게임을 하다

▸ **jugar al fútbol**
후가르 알 뿟볼
축구하다
*el tenis 테니스
엘 떼니스

▸ **jugar a las cartas**
후가르 알 라쓰 까르따쓰
카드 게임을 하다

▸ **ir a karaoke**
이르 아 까라오께
노래방에 가다
*discoteca 클럽
디스꼬떼까

▸ **ver la película**
베르 라 뻴리꿀라
영화를 보다

▸ **ir al parque**
이르 알 빠르께
공원에 가다

▸ **ir a la iglesia**
이르 알 라 이그레씨아
교회에 가다
*la catedral 성당
라 까떼드랄

▸ **tener una reunión**
떼네르 우나 레우니온
회의가 있다, 모임이 있다

▸ **ir de paseo en coche**
이르 데 빠쎄오 엔 꼬체
차로 드라이브 가다

▸ **hacer ejercicio**
아쎄르 에헤르씨씨오
운동을 하다

▸ **hacer deporte**
아쎄르 데뽀르떼
스포츠를 하다

▸ **hacer yoga**
아쎄르 요가
요가를 하다

▸ **ir al cine**
이르 알 씨네
영화관에 가다

▸ **hacer pilates**
아쎄르 삘라떼쓰
필라테스를 하다

▸ **subir a la montaña**
쑤비르 알 라 몬따냐
등산하다

Pronunciación & Interpretación
쁘로눈씨아씨온　　　　　인떼르쁘레따씨온

Paseo
빠쎄오
내가 산책하다

Paseo　　　　　con　　　el abuelo
빠쎄오　　　　　　　꼰　　　엘　아부엘로
내가 산책하다　~과[와], ~과 함께　할아버지

el abuelo　de　la familia de acogida
엘　아부엘로　델　라 빠밀리아　데　아꼬히다
할아버지　~의　　　　　홈스테이

y　su　perro
이　쑤　뻬로
~와　그의　개

y　su　perro　　todas　　las noches.
이　쑤　뻬로　　또다쓰　　라쓰　노체쓰
~와　그의　개　[복수]모든, 매~마다　밤

Paso
빠쏘
내가 (때를) 보내다, 지내다

Paso　　muy　buen　tiempo
빠쏘　　무이　부엔　띠엠뽀
내가 보내다　매우　좋은　시간

Paso　　muy　buen　tiempo　con　ellos.
빠쏘　　무이　부엔　띠엠뽀　꼰　에요쓰
내가 보내다　매우　좋은　시간　~와　함께 그들

75

Conjugación
꼰후가씨온

PASEAR 산책하다
빠쎄아르

Yo 나	Paseo 빠쎄오	Nosotros 우리들 Nosotras	Paseamos 빠쎄아모쓰
Tú 너	Paseas 빠쎄아쓰	Vosotros 너희들 Vosotras	Paseáis 빠쎄아이쓰
Usted 당신 Él 그 Ella 그녀	Pasea 빠쎄아	Ustedes 당신들 Ellos 그들 Ellas 그녀들	Pasean 빠쎄안

PASAR (때를) 보내다, 지내다 / 통과시키다 / 넘다
빠싸르

Yo 나	Paso 빠쏘	Nosotros 우리들 Nosotras	Pasamos 빠싸모쓰
Tú 너	Pasas 빠싸쓰	Vosotros 너희들 Vosotras	Pasáis 빠싸이쓰
Usted 당신 Él 그 Ella 그녀	Pasa 빠싸	Ustedes 당신들 Ellos 그들 Ellas 그녀들	Pasan 빠싼

* 참조 : Nosotros / Ellos = 남자들만 있거나 남녀혼합일 경우 사용.

VER (눈으로) 보다, 보이다 / (무엇을) 보다 / (누구를) 만나다
베르

Yo 나	Veo 베오	Nosotros 우리들 Nosotras	Vemos 베모쓰
Tú 너	Ves 베쓰	Vosotros 너희들 Vosotras	Veis 베이쓰
Usted 당신 Él 그 Ella 그녀	Ve 베	Ustedes 당신들 Ellos 그들 Ellas 그녀들	Ven 벤

MIRAR (주의해서) 보다, 시선을 향하다
미라르

Yo 나	Miro 미로	Nosotros 우리들 Nosotras	Miramos 미라모쓰
Tú 너	Miras 미라쓰	Vosotros 너희들 Vosotras	Miráis 미라이쓰
Usted 당신 Él 그 Ella 그녀	Mira 미라	Ustedes 당신들 Ellos 그들 Ellas 그녀들	Miran 미란

Expresión
엑쓰쁘레씨온

PASEAR : 산책하다
빠쎄아르

— Paseo por el parque.

빠쎄오　뽀르　엘　빠르께

나는 공원을 산책한다.

— Paseamos todas las noches.

빠쎄아모쓰　또다쓰　라쓰　노체쓰

우리들은 매일 밤 산책한다.

— Me gusta pasear.

메　구스따　빠쎄아르

나는 산책을 좋아한다.

— ¡Vamos de paseo en coche!

바모쓰　데　빠쎄오　엔　꼬체

우리 (차로) 드라이브 가자!

PASAR BUEN TIEMPO : 좋은 시간을 보내다
빠싸르 부엔 띠엠뽀

― Siempre paso buen tiempo con mis amigos.
씨엠쁘레 빠쏘 부엔 띠엠뽀 꼰 미쓰 아미고쓰

나는 나의 친구들과 항상 좋은 시간을 보낸다.

― Pasamos muy buen tiempo en la playa.
빠싸모쓰 무이 부엔 띠엠뽀 엔 라 쁠라야

우리들은 해변에서 매우 좋은 시간을 보낸다.

― Frida pasa buen tiempo durante las vacaciones.
쁘리다 빠싸 부엔 띠엠뽀 두란떼 라쓰 바까씨오네쓰

Frida는 휴가동안 좋은 시간을 보낸다.

― Después de pasar buen tiempo en Cancún,
데스뿌에쓰 데 빠싸르 부엔 띠엠뽀 엔 깐꾼
vuelvo a la rutina diaria.
부엘보 알 라 루띠나 디아리아

칸쿤에서 좋은 시간을 보내고 난 뒤, 나는 일상으로 돌아온다.

Conversaión
꼰베르싸씨온

1. ¿Qué haces hoy? →Quedo con Hugo.
   께 아쎄쓰 오이 　　　　께도 꼰 우고

   너 오늘 뭐해? 　　　　나 Hugo 만나.

2. ¿Qué haces mañana? →Tengo una reunión.
   께 아쎄쓰 마냐나 　　　　뗑고 우나 레우니온

   너 내일 뭐해? 　　　　나 회의 있어.

3. ¿Qué haces el fin de semana?→Subo a la montaña.
   께 아쎄쓰 엘 삔 데 쎄마나 　　　　쑤보 알 라 몬따냐

   너 주말에 뭐해? 　　　　등산가.

4. ¿Qué vas a hacer mañana? →Voy a tomar café con mis
   께 바쓰 아 아쎄르 마냐나 　　　　보이 아 또마르 까뻬 꼰 미쓰
   　　　　　　　　　　　　　　compañeros de trabajo.
   　　　　　　　　　　　　　　꼼빠녜로쓰 데 뜨라바호
   너 내일 뭐할 거야? 　　　　직장 동료들이랑 커피 마실거야.

5. ¿Qué vas a hacer este fin de→Voy a ir al cine.
   께 바쓰 아 아쎄르 에스떼 삔 데 　　　　보이 아 이르 알 씨네
   semana?
   쎄마나
   너 이번 주말에 뭐할 거야? 　　　　영화 보러 갈 거야.

Escribe tu frase
에스끄리베 뚜 쁘라쎄

당신의 글을 쓰세요.

Pintar y Amarte, eso es todo. ¿Te parece poco?

그림 그리고 당신을 사랑하는 게 전부에요. 이거면 충분하지 않나요?

Joaquín Sorolla
호아킨 소로야

¡Auténtico chocolate caliente!

진짜 핫초코!

집과 학원을 오가다가 주말에 처음으로 혼자 외출을 결심했다. 아직 소매치기가 두려웠던 나에게 조금의 용기가 필요했던 결정이었다.

나도 유러피안 느낌을 내고 싶어서 스페인어 책 하나를 들고 집 근처로 마실을 나갔다. 이곳저곳 걸어 다니다가 스타벅스가 아닌 로컬 카페의 야외 테라스에 자리 잡았다. 겨울이었지만 한국의 겨울에 비하여 햇살이 따스한 바람 없는 날이었다. 한국에서부터 늘 상상해오던 유럽에서의 나의 모습이었다.

테라스에 앉아서 커피 한 잔 마시고 있으면 영화 속 주인공과 같은 사람들과 대화를 나누며 자연스레 친구가 되는 그런 상상을 해보지 않은 사람이 있을까?

아무튼 나에게는 아무 일도 일어나지 않았고, 나는 핫초코를 시켰다.

깜짝 놀랐다. 초콜릿을 아끼지 않고 마구 넣어준 핫초코였다. 이게 리얼 핫초코구나. 그동안 한국에서 먹은 핫초코는 그냥 초코우유네.

게다가 아직 유로에 익숙하지 않았을 때여서 3유로 정도 했던 핫초코가 300원 정도로 느껴졌다. 당시 유로 환율이 1,400원이었던 걸 생각하면 한국과 비슷한 가격이었는데 말이다. 아직도 내가 어이없게 카페 직원에게 했던 말이 생각난다. "¡Es muy barato!"; "엄청 싸네요!"

아마 내가 돈이 엄청 많거나 돈 개념이 없는 사람으로 생각했을 것 같다.

아무튼 달달한 초콜릿 맛을 입안에 가득 머금고 만족스럽게 유러피안 분위기를 한껏 냈던 외출이었다.

'El Corte Inglés' son los únicos grandes almacenes en España.

엘 꼬르떼 잉글레쓰 쏜 로쓰 우니꼬쓰 그란데쓰 알마쎄네쓰 엔 에스빠냐.

Es muy interesante para mí.

에쓰 무이 인떼레싼떼 빠라 미.

엘 꼬르떼 잉글레스는 스페인의 유일한 백화점이다.

굉장히 흥미롭다.

> **이번 단원에서는 '쇼핑과 옷'에 관한 것을 배웁니다.**
>
> – Comprar, Probar, Vender, Alquilar의 동사활용
> – Interesante, Para mí를 활용한 표현

Vocabulario
보까불라리오

▸ ir de compras — 쇼핑가다
이르 데   꼼쁘라쓰

▸ la tienda — 가게
라   띠엔다

▸ hacer la compra — 장보다
아쎄르   라   꼼쁘라

▸ los grandes almacenes — 백화점
로쓰   그란데쓰   알마쎄네쓰

▸ llevar — (의복 등을) 입고 있다
예바르

▸ estar de rebaja — 세일하다, 할인하다
에스따르 데   레바하

▸ la ropa — 옷
라   로빠

▸ los calcetines — 양말
로쓰   깔쎄띠네쓰

▸ el vestido — 원피스
엘   베스띠도

▸ el sombrero — 챙 모자
엘   쏨브레로

▸ el abrigo — 겉 옷
엘   아브리고

▸ el gorro — 비니
엘   고로

▸ la camiseta — 티셔츠
라   까미쎄따

▸ la gorra — 캡 모자
라   고라

▸ la camiseta con manga corta — 반팔 티셔츠
라   까미쎄따   꼰   망가   꼬르따

▸ la camiseta sin manga — 민소매 티셔츠
라   까미쎄따   씬   망가

▸ la camisa — 셔츠
라   까미싸

▸ la falda — 치마
라   빨다

▸ el supermercado — 슈퍼마켓
엘   쑤뻬르메르까도

▸ los pantalones — 바지
로쓰   빤딸로네쓰

Pronunciación & Interpretación
쁘로눈씨아씨온   인떼르쁘레따씨온

'El Corte Inglés'
엘   꼬르떼   잉글레쓰
엘 꼬르떼 잉글레쓰

'El Corte Inglés'   son   los únicos
엘   꼬르떼   잉글레쓰   쏜   로쓰   우니꼬쓰
엘 꼬르떼 잉글레쓰   ~이다   유일한, 오직 하나의

los únicos   grandes almacenes
로쓰   우니꼬쓰   그란데쓰   알마쎄네쓰
유일한   백화점

grandes almacenes   en   España.
그란데쓰   알마쎄네쓰   엔   에스빠냐
백화점   (장소) ~안에, ~에(서)   스페인

Es   muy   interesante
에쓰   무이   인떼레싼떼
~이다   매우   재미있는, 흥미 있는

Es   muy   interesante   para   mí.
에쓰   무이   인떼레싼떼   빠라   미
~이다   매우   흥미 있는   ~한테, ~에게   나

Conjugación
꼰후가씨온

COMPRAR 사다, 구입하다
꼼쁘라르

Yo 나	Compro 꼼쁘로	Nosotros 우리들 Nosotras	Compramos 꼼쁘라모쓰
Tú 너	Compras 꼼쁘라쓰	Vosotros 너희들 Vosotras	Compráis 꼼쁘라이쓰
Usted 당신 Él 그 Ella 그녀	Compra 꼼쁘라	Ustedes 당신들 Ellos 그들 Ellas 그녀들	Compran 꼼쁘란

PROBAR (성질이나 성능 등을) 시험하다, 테스트하다 /
쁘로바르   먹어보다, 마셔 보다

Yo 나	Pruebo 쁘루에보	Nosotros 우리들 Nosotras	Probamos 쁘로바모쓰
Tú 너	Pruebas 쁘루에바쓰	Vosotros 너희들 Vosotras	Probáis 쁘로바이쓰
Usted 당신 Él 그 Ella 그녀	Prueba 쁘루에바	Ustedes 당신들 Ellos 그들 Ellas 그녀들	Prueban 쁘루에반

* 참조 : Nosotros / Ellos = 남자들만 있거나 남녀혼합일 경우 사용.

VENDER 팔다, 판매하다
벤데르

Yo 나	Vendo 벤도	Nosotros 우리들 Nosotras	Vendemos 벤데모쓰
Tú 너	Vendes 벤데쓰	Vosotros 너희들 Vosotras	Vendéis 벤데이쓰
Usted 당신 Él 그 Ella 그녀	Vende 벤데	Ustedes 당신들 Ellos 그들 Ellas 그녀들	Venden 벤덴

ALQUILAR 빌리다, 임대하다
알낄라르

Yo 나	Alquilo 알낄로	Nosotros 우리들 Nosotras	Alquilamos 알낄라모쓰
Tú 너	Alquilas 알낄라쓰	Vosotros 너희들 Vosotras	Alquiláis 알낄라이쓰
Usted 당신 Él 그 Ella 그녀	Alquila 알낄라	Ustedes 당신들 Ellos 그들 Ellas 그녀들	Alquilan 알낄란

Expresión
엑쓰쁘레씨온

INTERESANTE : 재미있는, 흥미 있는
인떼레싼떼

— Es muy interesante.

에쓰 무이 인떼레싼떼

(무엇이) 매우 재미있다.

— Es un libro interesante.

에쓰 운 리브로 인떼레싼떼

재미있는 책이다.

— Es una persona muy interesante.

에쓰 우나 뻬르쏘나 무이 인떼레싼떼

(당신/그/그녀는) 매우 재미있는 사람이다.

— ¿Hay algo interesante?

아이 알고 인떼레싼떼

뭐 재미있는 거 있어?

PARA MÍ : 나한테, 나에게, 나를 위하여
빠라 미

— El español es muy interesante para mí.

엘 에스빠뇰 에쓰 무이 인떼레싼떼 빠라 미

나는 스페인어가 매우 재미있다.

— Para mí, una taza de café, por favor.

빠라 미 우나 따싸 데 까뻬 뽀르 빠보르

저는 커피 한 잔 부탁드립니다.

— Para mí, no hay problema.

빠라 미 노 아이 쁘로블레마

나한테는 문제 없어.

— El libro significa mucho para mí.

엘 리브로 씨그니삐까 무초 빠라 미

이 책은 나에게 많은 의미가 있다.

Conversaión
꼰베르싸씨온

1. ¿Qué vas a hacer hoy?
   께 바쓰 아 아쎄르 오이

   →Voy a hacer la compra.
   보이 아 아쎄르 라 꼼쁘라

   너 오늘 뭐 할꺼야?

   나 장 볼 거야.

2. ¿Qué vas a llevar?
   께 바쓰 아 예바르

   →Voy a llevar la camisa.
   보이 아 예바르 라 까미싸

   너 뭐 입을 거야?

   나 셔츠 입을 거야.

3. ¿Qué vas a comprar?
   께 바쓰 아 꼼쁘라르

   →Voy a comprar un vestido.
   보이 아 꼼쁘라르 운 베스띠도

   너 뭐 살 거야?

   나 원피스 살 거야.

4. ¿Qué tipo de ropas te gusta?
   께 띠뽀 데 로빠쓰 떼 구스따

   →Me gustan los pantalones.
   메 구스딴 로쓰 빤딸로네쓰

   넌 어떤 종류의 옷 좋아해?

   나 바지 좋아해.

5. ¡Qué barato!
   께 바라또

   →Está de rebaja.
   에스따 데 레바하

   엄청 싸네요!

   세일 중이에요.

Escribe tu frase
에스끄리베 뚜 쁘라쎄

당신의 글을 쓰세요.

Caminante, no hay camino, se hace camino al andar.

여행자들이여, 길이란 없다. 길은 걸음으로써 만들어진다.

Antonio Machado
안토니오 마차도

Color
꼴로르

A : ¿Cuál es tu color favorito? 네가 가장 좋아하는 색이 뭐야?
꽐 에쓰 뚜 꼴로르 빠보리또

B : Mi color favorito es azul. 내가 가장 좋아하는 색은 파랑색이야.
미 꼴로르 빠보리또 에쓰 아쑬

흰색	*blanco/a 블랑꼬/블랑까	검정색	*negro/a 네그로/네그라	회색	gris 그리쓰
빨강색	*rojo/a 로호/로하	주황색	naranja 나랑하	노랑색	*amarillo/a 아마리요/아마리야
초록색	verde 베르데	파랑색	azul 아쑬	남색	azul añil 아쑬 아닐
보라색	violeta 비올레따	갈색	marrón 마론	분홍색	rosa 로싸
하늘색	celestre 쎌레스뜨레	은색	plateado 쁠라떼아도	금색	dorado 도라도

* 주어의 성별에 따라 -o/-a(남성형/여성형) 구별하여 사용.

Pienso que a las españolas les gusta llevar las mallas.
삐엔쏘 께 알 라쓰 에스빠뇰라쓰 레쓰 구스따 예바르 라쓰 마야쓰.

Pero las de color de la piel me dan un susto.
뻬로 라쓰 데 꼴로르 델 라 삐엘 메 단 운 쑤스또.

스페인 여자들은 레깅스 입는 걸 좋아하는 것 같다.

근데 살색은 조금 놀랍다.

> **이번 단원에서는 '쇼핑과 옷'에 관한 것을 배웁니다.**
> – Pagar, Camiar, Llevar, Ponerse의 동사활용
> – Pienso que, Me da를 활용한 표현

Vocabulario
보까불라리오

▸ pagar en efectivo 빠가르 엔 에펙띠보	현금으로 지불하다	▸ el bolso 엘 볼쏘	핸드백
▸ pagar con tarjeta 빠가르 꼰 따르헤따 de crédito 데 끄레디또	신용카드로 지불하다	▸ la mochila 라 모칠라	백팩
▸ el cambio 엘 깜비오	잔돈	▸ la maleta 라 말레따	여행 가방
▸ el cosmético 엘 꼬스메띠꼬	화장품	▸ la cartera 라 까르떼라	지갑
▸ los zapatos 로쓰 싸빠또쓰	신발, 구두	▸ las gafas 라쓰 가빠쓰	안경
▸ las zapatillas 라쓰 싸빠띠야쓰	운동화, 슬리퍼	▸ las gafas de sol 라쓰 가빠쓰 데 쏠	선글라스
▸ el traje 엘 뜨라헤	정장	▸ las medias 라쓰 메디아쓰	스타킹
▸ el libro 엘 라브로	책	▸ la corbata 라 꼬르바따	넥타이
▸ la librería 라 라브레리아	서점	▸ la bufanda 라 부빤다	목도리, 스카프
▸ la biblioteca 라 비블리오떼까	도서관	▸ el bañador 엘 바냐도르	수영복

Pronunciación & Interpretación
쁘로눈씨아씨온   인떼르쁘레따씨온

Pienso   que
삐엔쏘   께
내가 생각하다   ~한다고

Pienso   que   a   las españolas
삐엔쏘   께   알   라쓰   에스빠뇰라쓰
내가 생각하다   ~한다고   ~에게   스페인 여자들

a   las españolas   les   gusta
알   라쓰 에스빠뇰라쓰   레쓰   구스따
~에게   스페인 여자들   그녀들이   좋아하다

les   gusta   llevar   las mallas.
레쓰   구스따   예바르   라쓰 마야쓰
그녀들이   좋아하다   입다   레깅스

Pero   las
쁘로   라쓰
그런데   [여성 복수 명사=las mallas] 그것들

las   de color   de   la piel
라쓰   데   꼴로르   델   라 삐엘
그것들   ~의   색   ~의   (사람의) 피부, (동물의) 가죽

me   dan   un susto.
메   다   운 쑤스또
나에게   (누구에게 무엇을) 주다   놀라움, 불안, 무서움

95

Conjugación
꼰후가씨온

PAGAR 지불하다, 내다
빠가르

Yo 나	Pago 빠고	Nosotros 우리들 Nosotras	Pagamos 빠가모쓰
Tú 너	Pagas 빠가쓰	Vosotros 너희들 Vosotras	Pagáis 빠가이쓰
Usted 당신 Él 그 Ella 그녀	Paga 빠가	Ustedes 당신들 Ellos 그들 Ellas 그녀들	Pagan 빠간

CAMBIAR 변하다, 변경하다, 바꾸다, 변화시키다
깜비아르

Yo 나	Cambio 깜비오	Nosotros 우리들 Nosotras	Cambiamos 깜비아모쓰
Tú 너	Cambias 깜비아쓰	Vosotros 너희들 Vosotras	Cambiáis 깜비아이쓰
Usted 당신 Él 그 Ella 그녀	Cambia 깜비아	Ustedes 당신들 Ellos 그들 Ellas 그녀들	Cambian 깜비안

* 참조 : Nosotros / Ellos = 남자들만 있거나 남녀혼합일 경우 사용.

LLEVAR (의복 등을) 입고 있다, 몸에 걸치고 있다
에바르

Yo 나	Llevo 예보	Nosotros 우리들 Nosotras	Llevamos 예바모쓰
Tú 너	Llevas 예바쓰	Vosotros 너희들 Vosotras	Lleváis 예바이쓰
Usted 당신 Él 그 Ella 그녀	Lleva 예바	Ustedes 당신들 Ellos 그들 Ellas 그녀들	Llevan 예반

PONERSE (의복 등 몸에 붙이는 것을) 입다, 신다, 쓰다, 달다
뽀네르쎄

Yo 나	Me pongo 메 뽕고	Nosotros 우리들 Nosotras	Nos ponemos 노쓰 뽀네모쓰
Tú 너	Te pones 떼 뽀네쓰	Vosotros 너희들 Vosotras	Os ponéis 오쓰 뽀네이쓰
Usted 당신 Él 그 Ella 그녀	Se pone 쎄 뽀네	Ustedes 당신들 Ellos 그들 Ellas 그녀들	Se ponen 쎄 뽀넨

Expresión
엑쓰쁘레씨온

PIENSO QUE : 내가 생각하다
삐엔쏘   께

— Pienso que voy a llevar el traje.

    삐엔쏘   께   보이 아   예바르   엘   뜨라헤

나는 오늘 정장을 입을 생각이다.

— Pienso que es un poco caro.

    삐엔쏘   께   에쓰   운   뽀꼬   까로

내 생각에 (무엇이) 조금 비싼 것 같다.

— Pienso que hoy va a llover.

    삐엔쏘   께   오이   바 아   요베르

내 생각에 오늘 비가 올 것 같다.

— Pienso que vamos a ir a Vietnam en invierno.

    삐엔쏘   께   바모쓰   아 이르 아   비에뜨남   엔   인비에르노

내 생각에 우리는 이번 겨울에 베트남에 갈 것 같다.

ME DA : 나에게 주다
메　다

— **Ella me da un libro.**

에야　메　다　운　리브로

그녀가 나에게 책을 준다.

— **Mi perro me da alegría.**

미　빼로　메　다　알레그리아

나의 개는 나에게 즐거움을 준다.

— **Me da miedo la oscuridad.**

메　다　미에도　라　오스꾸리닫

나는 어둠이 무섭다.

— **Me da igual.**

메　다　이괄

나는 상관없어.

Conversaión
꼰베르싸씨온

1. ¿Qué vas a llevar hoy?
   께 바쓰 아 예바르 오이

   너 오늘 뭐 입을 거야?

   →Voy a llevar la camiseta.
   보이 아 예바르 라 까미쎄따

   나 티셔츠 입을 거야.

2. ¿Qué te pones?
   께 떼 뽀네쓰

   너 뭐 쓸 거야?

   →Me pongo las gafas de sol.
   메 뽕고 라쓰 가빠쓰 데 쏠

   나 선글라스 쓸 거야.

3. ¿Qué vas a llevar a la fiesta?
   께 바쓰 아 예바르 알 라 삐에스따

   너 파티에 뭐 입고 갈 거야?

   →Voy a ponerme la falda.
   보이 아 뽀네르메 라 빨다

   나 치마 입을 거야.

4. ¿Cómo va a pagar?
   꼬모 바 아 빠가르

   어떻게 계산하시겠어요?

   →Voy a pagar con tarjeta de crédito.
   보이 아 빠가르 꼰 따르헤따 데 끄레디또

   신용카드로 계산할게요.

5. ¿Adónde vas?
   아돈데 바쓰

   너 어디가?

   →Voy a la biblioteca.
   보이 알 라 비블리오떼까

   나 도서관 가.

Escribe tu frase

에스끄리베 뚜 쁘라쎄

당신의 글을 쓰세요.

Seamos realistas y hagamos lo imposible.

현실주의자가 되자. 그러나 가슴속에는 불가능한 꿈을 가지자.

Che Guevara
체 게바라

Las mallas de color de la piel
살색 레깅스

스페인은 'Fiesta' [축제, 파티]의 나라이지만 일상에서는 편안한 옷차림의 사람들을 쉽게 볼 수 있다.

내가 스페인에 있을 때에는 레깅스가 유행이었다. 박스티, 민소매 등 다양한 형태의 티셔츠에 레깅스를 입은 여자들이 매우 많았다.

한국에서 레깅스에 티셔츠를 입으려면 정말 톱모델 장윤주처럼 예쁜 몸매를 가졌거나 말라야 가능하다고 생각했는데, 여기서는 몸매에 상관없이 그냥 자신감 하나면 충분한 듯했다. '역시 남의 시선 신경 쓰지 않고 쿨 하구나'라고 생각했다. 각자의 개성으로 생각하고 레깅스 문화에 적응하고 있는 동안 가끔씩 길에서 '저 여자 지금 바지 안 입은 건가?'하고 나 혼자 내 눈을 의심한 적이 많았다. 변태로 오해받고 싶진 않지만 정말 바지를 안 입은 건지 한참을 봤다. 살색 레깅스.

유행도 좋지만 엉덩이 라인이 훤하게 다 보이는 게 레깅스인데 살색은 조금 너무한 거 아닌가!

사람은 자기한테 편한 건 금방 받아들인다는 말은 편한 걸 매우 좋아하는 나에겐 너무나 맞는 말이었다. 나는 색깔별로 레깅스를 구매하기 시작했다. 나중에는 '레깅스 없이 뭘 입지?'라는 고민을 했었다. 그리고 누가 알았을까... 내가 한국에 컴백하는 날, 당당히 후드티에 레깅스를 입고 돌아올 줄!

p.s. 그래도 나는 살색 레깅스를 사진 않았다.

5 de mayo, 2019
씬꼬 데 마요 도쓰밀 디에씨누에베

2019년 5월 5일

Me gusta ir de compras, especialmente a ZARA.
메 구스따 이르 데 꼼쁘라쓰 에스뻬씨알멘떼 아 싸라.

Como ZARA es la marca española,
꼬모 싸라 에쓰 라 마르까 에스빠뇰라,

aquí hay más ropas bonitas que las tiendas de ZARA en Corea.
아끼 아이 마쓰 로빠쓰 보니따쓰 께 라쓰 띠엔다쓰 데 싸라 엔 꼬레아.

나는 쇼핑가는 것을 좋아하는데 특히 자라를 좋아한다.

자라가 스페인 브랜드여서인지 여긴 한국 자라 매장보다 예쁜 옷들이 더 많다.

> **이번 단원에서는 '좋아하는 것'에 관한 것을 배웁니다.**
> – Gustar, Encantar, Amar, Casarse의 동사활용
> – Me gusta, Como를 활용한 표현

Vocabulario
보까불라리오

▸ **pintar**
빤따르
그림 그리다,
(페인트로) 칠하다

▸ **sacar fotografía** 사진 찍다
싸까르　뽀또그라삐아

▸ **dibujar**
디부하르
(선으로) 그리다,
스케치하다

▸ ***fotógrafo/a**
뽀또그라뽀/뽀또그라빠
사진가

▸ **el lápiz**
엘 라삐쓰
연필

▸ ***pintor/a**
삔또르/삔또라
화가

▸ **el bolígrafo**
엘　볼리그라뽀
볼펜

▸ **cantar**
깐따르
노래하다

▸ **el papel**
엘　빠뻴
종이

▸ **bailar**
바일라르
춤추다

▸ **el cuadro**
엘　꽈드로
그림

▸ **beber**
베베르
마시다

▸ **el marco**
엘　마르꼬
액자

▸ **la novela**
라　노벨라
소설

▸ **el cuaderno**
엘　꽈데르노
공책

▸ **la cerveza**
라　쎄르베싸
맥주

▸ **el té**
엘 떼
차
*té verde 녹차
떼 베르데

▸ **el vino**
엘 비노
와인

▸ **el pasatiempo**
엘　빠싸띠엠뽀
취미
= la afición, hobby
라 아삐시온,　호비

▸ **la exposición**
라　엑스뽀씨씨온
전시회

* 주어의 성별에 따라 -o/-a(남성형/여성형) 구별하여 사용.

Pronunciación & Interpretación
쁘로눈씨아씨온   인떼르쁘레따씨온

Me   gusta
메   구스따
내가 좋아하다

Me   gusta   ir   de   compras,
메   구스따   이르   데   꼼쁘라쓰
내가 좋아하다 가다 ~의   쇼핑

especialmente,   a   ZARA.
에스뻬씨알멘떼   아   싸라
특히   ~(에)로   자라

Como
꼬모
~대로, ~한 것처럼

Como ZARA   es   la marca   española,
꼬모   싸라   에쓰   라 마르까   에스빠뇰라
~대로   자라   ~이다   브랜드   스페인의

aquí   hay
아끼   아이
여기   있다

aquí   hay   más
아끼   아이   마쓰
여기   있다   더

aquí   hay   más   ropas   bonitas
아끼   아이   마쓰   로빠쓰   보니따쓰
여기   있다   더   옷들   예쁜

ropas   bonitas   que   las tiendas   de   ZARA
로빠쓰   보니따쓰   께   라쓰 띠엔다쓰   데   싸라
옷들   예쁜   ~보다   가게, 매장   ~의   자라

que   las tiendas   de   ZARA   en   Corea.
께   라쓰 띠엔다쓰   데   싸라   엔   꼬레아
~보다   매장   ~의   자라   (장소)~에   한국

Conjugación
꼰후가씨온

GUSTAR 마음에 들다, 좋아하다
구스따르 (사물이 주어로 주어는 주로 동사 뒤에 놓임; 동사는 3인칭 단수와 복수로 활용; 늘 간접 목적 대명사 me, te, le, nos, os, les를 동반함)

Yo 나	Gusto 구스또	Nosotros 우리들 Nosotras	Gustamos 구스따모쓰
Tú 너	Gustas 구스따쓰	Vosotros 너희들 Vosotras	Gustáis 구스따이쓰
Usted 당신 Él 그 Ella 그녀	Gusta 구스따	Ustedes 당신들 Ellos 그들 Ellas 그녀들	Gustan 구스딴

ENCANTAR 무척 좋아하다
엔깐따르 (gustar 동사처럼 간접 목적 대명사 me, te, le, nos, os, les와 함께 사용됨; 주어는 3인칭 단수나 복수가 되어 주로 동사의 뒤에 놓임)

Yo 나	Encanto 엔깐또	Nosotros 우리들 Nosotras	Encantamos 엔깐따모쓰
Tú 너	Encantas 엔깐따쓰	Vosotros 너희들 Vosotras	Encantáis 엔깐따이쓰
Usted 당신 Él 그 Ella 그녀	Encanta 엔깐따	Ustedes 당신들 Ellos 그들 Ellas 그녀들	Encantan 엔깐딴

* 참조 : Nosotros / Ellos = 남자들만 있거나 남녀혼합일 경우 사용.

AMAR (누구나 무엇을) 사랑하다, 좋아하다
아마르

Yo 나	Amo 아모	Nosotros 우리들 Nosotras	Amamos 아마모쓰
Tú 너	Amas 아마쓰	Vosotros 너희들 Vosotras	Amáis 아마이쓰
Usted 당신 Él 그 Ella 그녀	Ama 아마	Ustedes 당신들 Ellos 그들 Ellas 그녀들	Aman 아만

CASARSE (+con) (~와) 결혼하다
까싸르쎄   꼰

Yo 나	Me caso 메 까쏘	Nosotros 우리들 Nosotras	Nos casamos 노쓰 까싸모쓰
Tú 너	Te casas 떼 까싸쓰	Vosotros 너희들 Vosotras	Os casáis 오쓰 까싸이쓰
Usted 당신 Él 그 Ella 그녀	Se casa 쎄 까싸	Ustedes 당신들 Ellos 그들 Ellas 그녀들	Se casan 쎄 까싼

Expresión
엑쓰쁘레씨온

ME GUSTA/GUSTAN : 내가 좋아하다
메   구스따   구스딴

— Me gusta hablar en español.

메   구스따 아블라르 엔   에스빠뇰

나는 스페인어로 말하는 것을 좋아한다.

— Me gusta dibujar y viajar.

메   구스따   디부하르   이 비아하르

나는 그림 그리고 여행하는 것을 좋아한다.

— Me gustan los cuadros.

메   구스딴   로쓰   꽈드로쓰

나는 그림들을 좋아한다.

— Me gustan el pan y la leche.

메   구스딴   엘   빤   이 라 레체

나는 빵과 우유를 좋아한다.

COMO : ~대로, ~한 것처럼 / ~처럼, ~와 같이 / ~같은 것
꼬모

— Como me gusta pan, lo como todos los días.

꼬모　메　구스따　빤　로　꼬모　또도쓰　로쓰　디아쓰

나는 빵을 좋아해서 매일 먹는다.

— Aprendo español como voy a ir a España en verano.

아쁘렌도　에스빠뇰　꼬모　보이 아 이르 아　에스빠냐　엔　베라노

나는 여름에 스페인에 갈 거여서 스페인어를 배운다.

— Ella habla español como española.

에야　아블라　에스빠뇰　꼬모　에스빠뇰라

그녀는 스페인사람처럼 스페인어를 한다.

— Mi mejor amiga y yo somos como hermanas.

미　메호르　아미가　이　요　쏘모쓰　꼬모　에르마나쓰

나의 가장 친한 친구와 나는 자매 같다.

Conversaión
꼰베르싸씨온

1. **¿Qué vas a comprar?**
께 바쓰 아 꼼쁘라르

   너 뭐 살 거야?

   →**Voy a comprar esto.**
   보이 아 꼼쁘라르 에스또

   Me gusta el color.
   메 구스따 엘 꼴로르

   나 이거 살 거야.

   색깔이 마음에 들어.

2. **¿Qué te gusta hacer en tu**
께 떼 구스따 아쎄르 엔 뚜
   tiempo libre?
   띠엠뽀 리브레

   너 여가시간에 뭐 하는 거 좋아해?

   →**Me gusta sacar fotografía.**
   메 구스따 싸까르 뽀또그라삐아

   나는 사진 찍는 거 좋아해.

3. **¿Qué te gusta hacer en tu**
께 떼 구스따 아쎄르 엔 뚜
   tiempo libre?
   띠엠뽀 리브레

   너 여가시간에 뭐 하는 거 좋아해?

   →**Me gusta mucho escuchar**
   메 구스따 무초 에스꾸차르
   la música.
   라 무씨까

   나 음악 듣는 거 엄청 좋아해.

4. **¿Por qué te gusta cantar?**
뽀르 께 떼 구스따 깐따르

   너는 노래 부르는 거 왜 좋아해?

   →**Puedo perder el estrés.**
   뿌에도 뻬르데르 엘 에스뜨레쓰

   스트레스 풀려.

5. **¿Cuál es tu pasatiempo**
꽐 에쏘 뚜 빠싸띠엠뽀
   favorito?
   빠보리또

   네가 제일 좋아하는 취미가 뭐야?

   →**Mi pasatiempo favorito es**
   미 빠싸띠엠뽀 빠보리또 에쏘
   leer los libros.
   레에르 로쓰 리브로쓰

   내가 제일 좋아하는 취미는 책 읽
   는 거야.

Escribe tu frase
에스끄리베 뚜 쁘라쎄

당신의 글을 쓰세요.

Todo sale del gran libro de la naturaleza;
las obras de los hombres son ya un libro impreso.

모든 것은 자연이라는 한 권의 위대한 책으로부터 나온다.
인간의 작품은 이미 인쇄된 책이다.

Antoni Gaudí
안토니 가우디

China guapa
예쁜 중국인

스페인에 있는 동안 어딜 가던 쉽게 듣는 말이었다. "예쁜 중국인."

내가 지나갈 때마다 휘파람 불며 "China guapa"를 외쳐대는 남자들을 보고 처음에는 나에게 예쁘다고 칭찬해 주는 줄 알았다.

'아 뭐야~ 역시 무쌍이 외국에서 통하나?' 이런 생각을 하며 그들을 향해 웃어 주었다. 그런데 더 크게 예쁜이를 외쳐대며 들이대는 걸 보니 그제야 나는 칭찬이 아닌 놀림 또는 비아냥인 것을 알았다. 왜 쳐다보고 웃었을까...

사실 마드리드는 덜 한 편이었다. 처음 말라가로 여행 가기 전 홈스테이 할아버지가 나에게 말씀하셨다. 말라가는 도심이 아니어서 나를 동양인이라고 말 걸고 놀리는 사람들이 있을 수 있으니 무시하고 조심하라고 당부하셨다. 아니나 다를까, 마드리드는 세 발의 피였다. 다행히 스페인어가 꽤 많이 향상되었을 때 놀러 갔던 거라 기 눌리지 않고 스페인어로 받아쳤었다. 스페인에 와서 처음 거주 지역을 말라가로 선택했던 친구들은 그런 유의 스페인 사람들은 다 비슷하다고 생각하고 피했었다고 했다. 나는 '무슨 소리야! 절대로 그냥 넘어가면 안 돼!'라고 흥분했다.

당연히 나는 한국 사람이기에 스페인의 지역감정은 하나도 없다. 그저 내가 있는 곳이 어디든 한국 사람, 동양인이라는 이유로 놀림을 당할 이유는 어디에도 없기에 항상 당당해야 한다!

Me encanta ver las películas españolas.
메 엔깐따 베르 라쓰 뻴리꿀라쓰 에스빠뇰라쓰.

Porque me ayuda mucho a mejorar mi nivel de español.
뽀르께 메 아유다 무초 아 메호라르 미 니벨 데 에스빠뇰.

나는 스페인 영화 보는 것을 매우 좋아한다.

내 스페인어 실력을 향상시키는데 많은 도움이 된다.

> 이번 단원에서는 '좋아하는 것'에 관한 것을 배웁니다.
> – Mejorar, Empeorar, Aprender, Memorizar의 동사활용
> – Me encanta, Me ayuda를 활용한 표현

Vocabulario
보까불라리오

▸ **el ordenador** · 컴퓨터 · ▸ **el ordenador portátil** · 노트북
엘 오르데나도르 · 엘 오르데나도르 · 뽀르따띨

▸ **los juegos** · 놀이, 경기 · ▸ **la comedia** · 코미디
로쓰 후에고쓰 · 라 꼬메디아

▸ **el partido de fútbol** · 축구경기 · ▸ **los dibujos animados** · 만화
엘 빠르띠도 데 뿟볼 · 로쓰 디부호쓰 · 아니마도쓰

▸ **los dulces** · 단 것 (사탕) · ▸ **el terror** · 공포
로쓰 둘쎄쓰 · 엘 떼로르

▸ **las galletas** · 과자, 쿠키 · ▸ **el crimen** · 범죄
라쓰 가예따쓰 · 엘 끄리멘

▸ **el pan** · 빵 · ▸ **la ficción** · 픽션
엘 빤 · 라 삑씨온

▸ **el helado** · 아이스크림 · ▸ **el amor** · 사랑
엘 엘라도 · 엘 아모르

▸ **la película** · 영화 · ▸ **la fantasía** · 판타지
라 뻴리꿀라 · 라 빤따씨아

▸ **el musical** · 뮤지컬 · ▸ **la historia** · 역사
엘 무씨깔 · 라 이스또리아

▸ **la guerra** · 전쟁 · ▸ **la acción** · 액션
라 게라 · 라 악씨온

Pronunciación & Interpretación
쁘로눈씨아씨온   인떼르쁘레따씨온

Me   encanta
메   엔깐따
내가 매우 좋아하다

Me   encanta   ver
메   엔깐따   베르
내가 매우 좋아하다 보다

ver   las películas
베르   라쓰   뻴리꿀라쓰
보다   영화들

las películas   españolas.
라쓰   뻴리꿀라쓰   에스빠뇰라쓰
영화들   스페인의

Porque
쁘로께
~이므로

Porque   me   ayuda   mucho
쁘로께   메   아유다   무초
~이므로   나에게   원조하다, 돕다, 도와 주다   많이

me   ayuda   mucho   a
메   아유다   무초   아
나에게   도와주다   많이   ~하는 것[법]을

a   mejorar
아   메호라르
~하는 것을   더욱[한층] 좋게 하다, 개선하다

mejorar   mi   nivel   de   español.
메호라르   미   니벨   데   에스빠뇰
더욱 좋게 하다   나의   레벨, 수준   ~의   스페인어

Conjugación
꼰후가씨온

MEJORAR 더욱(한층) 좋게 하다, 개량하다, 개선하다
메호라르

Yo 나	Mejoro 메호로	Nosotros 우리들 Nosotras	Mejoramos 메호라모쓰
Tú 너	Mejoras 메호라쓰	Vosotros 너희들 Vosotras	Mejoráis 메호라이쓰
Usted 당신 Él 그 Ella 그녀	Mejora 메호라	Ustedes 당신들 Ellos 그들 Ellas 그녀들	Mejoran 메호란

EMPEORAR 악화시키다, 더 나쁘게 하다
엠뻬오라르

Yo 나	Empeoro 엠뻬오로	Nosotros 우리들 Nosotras	Empeoramos 엠뻬오라모쓰
Tú 너	Empeoras 엠뻬오라쓰	Vosotros 너희들 Vosotras	Empeoráis 엠뻬오라이쓰
Usted 당신 Él 그 Ella 그녀	Empeora 엠뻬오라	Ustedes 당신들 Ellos 그들 Ellas 그녀들	Empeoran 엠뻬오란

* 참조 : Nosotros / Ellos = 남자들만 있거나 남녀혼합일 경우 사용.

APRENDER 배우다, 습득하다, 학습하다
아쁘렌데르

Yo 나	Aprendo 아쁘렌도	Nosotros 우리들 Nosotras	Aprendemos 아쁘렌데모쓰
Tú 너	Aprendes 아쁘렌데쓰	Vosotros 너희들 Vosotras	Aprendéis 아쁘렌데이쓰
Usted 당신 Él 그 Ella 그녀	Aprende 아쁘렌데	Ustedes 당신들 Ellos 그들 Ellas 그녀들	Aprenden 아쁘렌덴

MEMORIZAR 암기하다, 기억에 남게 하다, 기억시키다
메모리싸르

Yo 나	Memorizo 메모리쏘	Nosotros 우리들 Nosotras	Memorizamos 메모리싸모쓰
Tú 너	Memorizas 메모리싸쓰	Vosotros 너희들 Vosotras	Memorizáis 메모리싸이쓰
Usted 당신 Él 그 Ella 그녀	Memoriza 메모리싸	Ustedes 당신들 Ellos 그들 Ellas 그녀들	Memorizan 메모리싼

Expresión
엑쓰쁘레씨온

ME ENCANTA/ENCANTAN : 내가 매우 좋아하다
메　　　엔깐따　　　　　엔깐딴

— Me encanta ver las películas de acción.
　　메　　엔깐따　　베르 라쓰　　뻴리꿀라　데　　악씨온

나는 액션 영화 보는 것을 매우 좋아한다.

— Me encanta hablar y pasar el tiempo contigo.
　　메　　엔깐따　　아블라르 이　빠싸르　엘　띠엠뽀　　꼰띠고

나는 너와 함께 대화하고 시간 보내는 것을 매우 좋아한다.

— Me encantan el café con leche y la tortilla.
　　메　　엔깐딴　　엘 까뻬　꼰　레체　이 라 또르띠야

나는 카뻬 꼰 레체와 또르띠야를 매우 좋아한다.

— Me encantan los protagonistas de la novela.
　　메　　엔깐딴　　로쓰　　쁘로따고니스따쓰　델 라　노벨라

나는 소설의 주인공들을 매우 좋아한다.

ME AYUDA : 나를 도와주다.
메   아유다

— Daniela me ayuda mucho.

다니엘라   메   아유다   무초

Daniela는 나를 많이 도와준다.

— Él me ayuda cuando necesito.

엘 메   아유다   꽌도   네쎄씨또

그는 내가 필요할 때 도움을 준다.

— Comer las comidas ricas me ayuda a relajarme.

꼬메르   라쓰   꼬미다쓰   리까쓰   메   아유다   아   렐라하르메

맛있는 음식을 먹는 것은 긴장을 완화하는 데 도움이 된다.

— ¡Ayúdame!

아유다메

도와주세요!

Conversaión
꼰베르싸씨온

1. ¿Te gusta el regalo?
떼 구스따 엘 레갈로

선물 마음에 들어?

→Sí, ¡me encanta!
씨 메 엔깐따

응, 너무 마음에 들어!

2. ¿Te gustan los dulces?
떼 구스딴 로쓰 둘쎄쓰

너 단거 좋아해?

→Por supuesto, ¡me encantan!
뽀르 스뿌에스또 메 엔껜딴

당연하지, 매우 좋아해!

3. ¿Qué te gusta hacer en tu
께 떼 구스따 아쎄르 엔 뚜
tiempo libre?
띠엠뽀 러브레

너 여가시간에 뭐하는 거 좋아해?

→Me encanta pasaer con mi
메 엔깐따 빠쎄아르 꼰 미
perro.
뻬로

나 강아지랑 산책하는 거 매우
좋아해.

4. ¿Por qué te gusta beber vino?
뽀르 께 떼 구스따 베베르 비노

너 와인 마시는 거 왜 좋아해?

→Me gusta mucho el ambiente
메 구스따 무초 엘 암비엔떼
cuando bebo vino con gente.
꽌도 베보 비노 꼰 헨떼

나는 사람들이랑 와인 마실 때
분위기를 매우 좋아해.

5. ¿Cuál es tu pasatiempo
꽐 에쓰 뚜 빠싸띠엠뽀
favorito?
빠보리또

네가 제일 좋아하는 취미가 뭐야?

→Me encanta jugar a los
메 엔깐따 후가르 아 로쓰
juegos móviles.
후에고쓰 모빌레쓰

나는 핸드폰 게임하는 거 매우
좋아해.

Escribe tu frase
에스끄리베 뚜 쁘라쎄

당신의 글을 쓰세요.

La inteligencia sin ambición es un pájaro sin alas.

야망 없는 지성은 날개 없는 새와 같다.

Salvador Dalí
살바도르 달리

Me gustas.

너를 좋아해.

다른 동사보다 유독 자신 있는 동사가 있다. 바로 'Gustar'동사이다.

스페인에 있을 때 스페인 남자친구를 사귀었었다. 스페인 남자친구는 내 친구의 친구였는데 facebook에서 친구랑 내가 찍은 사진을 보고 연락을 해왔다. 그리고 우린 한, 두 번 정도 같이 산책을 했었다.

그러던 어느 날, 그 친구가 나에게 Me gustas. ¿ Te gusto? (나 너 좋아해. 너는 나 좋아해?)라는 메시지를 보냈다.

이 메시지를 본 나는 어이가 없었다.

gustar 동사가 주어를 나타내는지 모르고 메시지의 정반대 의미인 '너는 나 좋아해. 나도 널 좋아할까?'로 받아들인 것이다.

내가 잘못 이해한 것은 추호도 모르고 할 말은 해야겠다며 '내가 왜 널 좋아한다고 생각해? 나 너 안 좋아해.'라고 열심히 따졌던 기억이 난다. 그 와중에 자존심은 있어서 완벽한 스페인어로 말하려고 사전 찾아가며 메시지 보냈던 걸 생각하면 조금 웃기다. 그리고 그날 저녁, 홈스테이 할아버지와 산책하며 이 어이없던 대화에 대하여 이야기를 했었다. 내 이야기를 들은 할아버지는 내가 귀엽다는 듯이 웃으시며 'Gustar'동사를 차근차근 설명해주셨다. 그제야 나는 아차 싶었다. 그리고 창피했다. 그렇게 스페인어 잘하는 척하려고 사전 찾아가며 메시지를 보냈는데, 자기가 이해 못 해놓고 당당하게 따지는 내가 얼마나 웃겼을까. 뭐, 외국인이니까 귀엽게 봤었겠지!

Si puedo, quiero viajar por Europa con mi familia.
씨 뿌에도 끼에로 비아하르 뽀르 에우로빠 꼰 미 빠밀리아.

¡Ojalá!
오할라!

할 수 있다면 우리 가족이랑 유럽여행하고 싶다.

제발 그랬으면 좋겠다!

> **이번 단원에서는 '가족'에 관한 것을 배웁니다.**
> – Viajar, Partir, Planear, Reservar의 동사활용
> – Si, Puedo를 활용한 표현

Vocabulario
보까불라리오

▸ **padre** 아버지
빠드레
= papá 아빠
빠빠

▸ **madre** 어머니
마드레
= mamá 엄마
마마

▸ **hijo/a** 아들/딸
이호/이하

▸ **hermano/a** 형제/자매
에르마노/에르마나

▸ **gemelos/as** 남자 쌍둥이/
헤멜로쓰/헤멜라쓰 여자 쌍둥이

▸ **abuelo** 할아버지
아부엘로

▸ **abuela** 할머니
아부엘라

▸ **tío** 삼촌, 이모부,
띠오 고모부 등

▸ **tía** 이모, 고모,
띠아 외숙모 등

▸ ***primo/a** 사촌
쁘리모/쁘리마

▸ **nieto/a** 손자/손녀
니에또/니에따

▸ ***sobrino/a** 조카
쏘브리노/쏘브리나

▸ **marido** 남편
마리도
= esposo
에스뽀쏘

▸ **mujer** 부인
무헤르
= esposa
에스뽀싸

▸ **suegro** 시아버지/장인어른
쑤에그로

▸ **suegra** 시어머니/장모님
쑤에그라

▸ **cuñado/a** 형부, 제부/
꾸냐도/꾸냐다 처형, 처제

▸ **nuera** 며느리
누에라

▸ **yerno** 사위
예르노

▸ **los padres** 부모님
로쓰 빠드레쓰

* 주어의 성별에 따라 -o/-a(남성형/여성형) 구별하여 사용.

Pronunciación & Interpretación
쁘로눈씨아씨온   인떼르쁘레따씨온

Si
씨
만약, (가정, 조건) 만일 ~이라면

Si   puedo,
씨   뿌에도
만약   내가 할 수 있다

Si   puedo,   quiero
씨   뿌에도   끼에로
만약   내가 할 수 있다   내가 원하다

quiero   viajar
끼에로   비아하르
내가 원하다   여행하다

viajar   por   Europa
비아하르   뽀르   에우로빠
여행하다   ~를   유럽

viajar   por   Europa   con   mi   familia.
비아하르   뽀르   에우로빠   꼰   미   빠밀리아
여행하다   ~를   유럽   ~와, ~와 함께   나의   가족

¡Ojalá!
오할라
제발 그랬으면!

Conjugación
꼰후가씨온

VIAJAR (+por) (어디를) 여행하다
비아하르 (뽀르)

Yo 나	Viajo 비아호	Nosotros 우리들 Nosotras	Viajamos 비아하모쓰
Tú 너	Viajas 비아하쓰	Vosotros 너희들 Vosotras	Viajáis 비아하이쓰
Usted 당신 Él 그 Ella 그녀	Viaja 비아하	Ustedes 당신들 Ellos 그들 Ellas 그녀들	Viajan 비아한

PARTIR 출발하다, 떠나다
빠르띠르

Yo 나	Parto 빠르또	Nosotros 우리들 Nosotras	Partimos 빠르띠모쓰
Tú 너	Partes 빠르떼쓰	Vosotros 너희들 Vosotras	Partís 빠르띠쓰
Usted 당신 Él 그 Ella 그녀	Parte 빠르떼	Ustedes 당신들 Ellos 그들 Ellas 그녀들	Parten 빠르뗀

* 참조 : Nosotros / Ellos = 남자들만 있거나 남녀혼합일 경우 사용.

PLANEAR 계획하다
쁠라네아르

Yo 나	Planeo 쁠라네오	Nosotros 우리들 Nosotras	Planeamos 쁠라네아모쓰
Tú 너	Planeas 쁠라네아쓰	Vosotros 너희들 Vosotras	Planeáis 쁠라네아이쓰
Usted 당신 Él 그 Ella 그녀	Planea 쁠라네아	Ustedes 당신들 Ellos 그들 Ellas 그녀들	Planean 쁠라네안

RESERVAR 예약하다
레쎄르바르

Yo 나	Reservo 레쎄르보	Nosotros 우리들 Nosotras	Reservamos 레쎄르바모쓰
Tú 너	Reservas 레쎄르바쓰	Vosotros 너희들 Vosotras	Reserváis 레쎄르바이쓰
Usted 당신 Él 그 Ella 그녀	Reserva 레쎄르바	Ustedes 당신들 Ellos 그들 Ellas 그녀들	Reservan 레쎄르반

Expresión
엑쓰쁘래씨온

SI : 만약, (가정,조건) 만일 ~이라면 / (간접 의문) ~인지 (아닌지)
씨

— Si tengo mucho dinero, voy a viajar mucho.
  씨 땡고 무초 디네로 보이 아 비아하르 무초

  만약 내가 돈이 많다면 나는 여행을 많이 할 것이다.

— Si te vas, yo también me voy.
  씨 떼 바쓰 요 땀비엔 메 보이

  만약 네가 가면, 나도 갈 거야.

— Si llueve, vamos a quedar en la cafetería.
  씨 유에베 바모쓰 아 께다르 엔 라 까뻬떼리아

  만약 비가 오면, 우리 카페에서 만나자.

— No sé si va a venir Dario.
  노 쎄 씨 바 아 베니르 다리오

  Dario가 올지 모르겠어.

PUEDO : 내가 할 수 있다
뿌에도

— Puedo hacerlo.

뿌에도　아쎄를로

나는 그것을 할 수 있다.

— No puedo ir ahora.

노　뿌에도　이르　아오라

나 지금 못가.

— Puedo ayudarte.

뿌에도　아유다르떼

나는 널 도와줄 수 있어.

— ¿Puedo salir ya?

뿌에도　쌀리르　야

나 이제 가도 될까?

Conversaión
꼰베르싸씨온

1. ¿Cómo está tu abuela?
꼬모 에스따 뚜 아부엘라

→Muy bien, gracias.
무이 비엔 그라시아쓰

너희 할머니 잘 지내셔?

매우 잘 지내셔, 고마워.

2. ¿Tienes hermanos?
띠에네쓰 에르마노쓰

→Sí, tengo una hermana.
씨 뗑고 우나 에르마나

너 형제 있어?

응, 자매 한 명 있어.

3. ¿Qué vas a hacer durante
께 바쓰 아 아쎄르 두란떼
las vacaciones?
라쓰 바까씨오네쓰

→Voy a viajar con mi marido.
보이 아 비아하르 꼰 미 마리도

너 휴가동안 뭐 할 거야?

나 남편이랑 여행 갈 거야.

4. ¿Vas a venir a la reunión?
바쓰 아 베니르 알 라 레우니온

→Si no voy de viaje de
씨 노 보이 데 비아헤 데
negocios, claro.
네고씨오쓰 끌라로

너 모임에 올 거야?

출장 안가면 당연하지.

5. ¿Puedes hacerlo solo?
뿌에데쓰 아쎄를로 쏠로

→¡Por supuesto! Puedo
뽀르 스뿌에스또 뿌에도
planear todo muy bien.
쁠라네아르 또도 무이 비엔

너 그거 혼자 할 수 있어?

당연하지! 나 다 잘 계획할 수 있어.

Escribe tu frase

에스끄리베 뚜 쁘라쎄

당신의 글을 쓰세요.

Pinto flores para que así no mueran.

나는 꽃을 그린다. 그러므로 꽃은 죽지 않는다.

Frida Kalho

프리다 칼로

Maquillaje denso
진한 화장

교포나 외국에 오래 산 사람들, 특히 여자들에 대하여 이야기할 때 매스컴에서 일반적으로 다루는 이미지가 있다. 구릿빛 피부, 검은색 긴 생머리, 얇은 눈썹, 진한 화장 등. 그런데 스페인에 지내다 보니 어느새 내가 그런 이미지가 되어 가고 있었다. 레띠로 공원에서 틈틈이 태닝 한 구릿빛 피부, 소매치기나 집시들이 만만하게 보지 못하게 점점 진해지는 화장. 아니, 아이라인.

스페인에 가기 전부터 나는 그 당시 유행하던 스모키 화장을 했었다. 스모키 화장에서 더 진해진 화장. 상상이 가는가. 지금 스페인에서 찍은 사진을 보면 나조차도 깜짝 놀란다. 내 화장은 키메라 같았다. 레띠로 공원에서 무섭고 큰 흑인들에게 가방을 통째로 소매치기를 당한 거 딱 한 번 빼고 내가 왜 한 번도 소매치기를 당하지 않았는지 알 것만도 같았다. 이야기가 나와서 말인데 저 때 정말 무서웠다. 농구선수만 한 흑인들이 내 가방을 가져가서 도망도 가지 않고 계속 나를 주시하고 있었다.

곧장 경찰서로 가서 흑인 무리가 내 가방을 훔쳐 갔다고 자세히 설명했음에도 불구하고 돌아오는 대답은 찾을 수 없을 것 같지만 찾게 되면 연락을 주겠다는 거였다. 이목구비가 워낙 뚜렷한 스페인 사람들 사이에 있다 보면 쌍꺼풀도 없는 나의 민낯은 그야말로 순둥순둥해 보였다. 그러니까 마지막으로 내 합리화를 해서 이야기 하자면, 교포나 외국에 사는 사람들의 진한 화장은 일종의 자기방어인 셈이기도 하다.

7 de junio, 2019

씨에떼 데 후니오 도쓰밀 디에씨누에베

2019년 6월 7일

Mi madre tiene un libro del viaje por España.

미 마드레 띠에네 운 리브로 델 비아헤 뽀르 에스빠냐.

Quiere viajar conmigo por más de un mes.

끼에레 비아하르 꼰미고 뽀르 마쓰 데 운 메쓰.

우리 엄마는 스페인 여행 책을 가지고 계신다.

엄마는 나와 함께 한 달 이상 여행하고 싶어 하신다.

이번 단원에서는 '나라'에 관한 것을 배웁니다.
- Leer, Escuchar, Pintar, Bañarse의 동사활용
- Por, Más de를 활용한 표현

Vocabulario
보까불라리오

‣ **el país** 엘 빠이쓰	나라	‣ **Rusia** 루씨아	러시아
‣ **Corea del sur** 꼬레아 델 쑤르	대한민국	‣ **Corea del norte** 꼬레아 델 노르떼	북한
‣ **España** 에스빠냐	스페인	‣ **los Estados** 로쓰 에스따도쓰 **Unidos** 우니도쓰	미국
‣ **México** 메히꼬	멕시코	‣ **Italia** 이딸리아	이탈리아
‣ **Argentina** 아르헨띠나	아르헨티나	‣ **Suiza** 쑤이싸	스위스
‣ **Colombia** 꼴롬비아	콜롬비아	‣ **Portugal** 뽀르뚜갈	포르투갈
‣ **China** 치나	중국	‣ **Brasil** 브라씰	브라질
‣ **Japón** 하뽄	일본	‣ **Alemania** 알레마니아	독일
‣ **Inglaterra** 잉글라떼라	영국	‣ **Holanda** 올란다	네덜란드
‣ **Francia** 쁘란씨아	프랑스	‣ **emigrar (+a)** 에미그라르	(~로)이민가다

Pronunciación & Interpretación
쁘로눈씨아씨온　　　　　인떼르쁘레따씨온

Mi　madre
미　　마드레
나의　어머니

Mi　madre　tiene　　un　libro
미　　마드레　　띠에네　　　운　　리브로
나의　어머니　가지고 있다　하나의　　책

un　　libro　de　viaje
운　　리브로　데　비아헤
하나의　책　～의　여행

viaje　por　España.
비아헤　뽀르　에스빠냐
여행　　～를　　스페인

Quiere　　　　viajar
끼에레　　　　　비아하르
어머니가 원하다　여행하다

Quiere　viajar　conmigo
끼에레　　비아하르　　꼰미고
원하다　　여행하다　　나와 함께

viajar　conmigo　por más de　un　mes.
비아하르　　꼰미고　　뽀르 마쓰 데　운　　메쓰
여행하다　나와 함께　(숫자)～보다　하나의　달, 1개월

135

Conjugación
꼰후가씨온

LEER 읽다, 소리내어 읽다
레에르

Yo 나	Leo 레오	Nosotros 우리들 Nosotras	Leemos 레에모쓰
Tú 너	Lees 레에쓰	Vosotros 너희들 Vosotras	Leéis 레에이쓰
Usted 당신 Él 그 Ella 그녀	Lee 레에	Ustedes 당신들 Ellos 그들 Ellas 그녀들	Leen 레엔

ESCUCHAR 듣다, 청취하다
에스꾸차르

Yo 나	Escucho 에스꾸초	Nosotros 우리들 Nosotras	Escuchamos 에스꾸차모쓰
Tú 너	Escuchas 에스꾸차쓰	Vosotros 너희들 Vosotras	Escucháis 에스꾸차이쓰
Usted 당신 Él 그 Ella 그녀	Escucha 에스꾸차	Ustedes 당신들 Ellos 그들 Ellas 그녀들	Escuchan 에스꾸찬

* 참조 : Nosotros / Ellos = 남자들만 있거나 남녀혼합일 경우 사용.

PINTAR (무엇의) 그림을 그리다, (무엇을) 그리다 /
빤따르
(페인트로) 칠하다

Yo 나	Pinto 삔또	Nosotros 우리들 Nosotras	Pintamos 삔따모쓰
Tú 너	Pintas 삔따쓰	Vosotros 너희들 Vosotras	Pintáis 삔따이쓰
Usted 당신 Él 그 Ella 그녀	Pinta 삔따	Ustedes 당신들 Ellos 그들 Ellas 그녀들	Pintan 삔딴

BAÑARSE 목욕하다 / 해수욕하다
바냐르쎄

Yo 나	Me baño 메 바뇨	Nosotros 우리들 Nosotras	Nos bañamos 노쓰 바냐모쓰
Tú 너	Te bañas 떼 바냐쓰	Vosotros 너희들 Vosotras	Os bañáis 오쓰 바냐이쓰
Usted 당신 Él 그 Ella 그녀	Se baña 쎄 바냐	Ustedes 당신들 Ellos 그들 Ellas 그녀들	Se bañan 쎄 바냔

Expresión
엑쓰쁘래씨온

POR : (이유, 원인) ~으로, ~ 때문에 / (동기) ~을 위해,
뽀르 (수단, 방법) ~로, ~을 통해서 / ~에 의해서 /
(공간) ~의 근처에, ~을 / ~를, ~를 쭉

— Quiero viajar por Latinoamérica.

끼에로   비아하르 뽀르   라띠노아메리까

나는 라틴 아메리카를 여행하고 싶다.

— Lo hago por ti.

로   아고   뽀르 띠

나는 그것을 너를 위해서 한다.

— ¿Hay un banco por aquí?

아이 운   방꼬   뽀르 아끼

이 근처에 은행 있나요?

— Cambiamos el plan por la lluvia.

깜비아모쓰   엘 쁠란 뽀르 라 유비아

우리들은 비 때문에 계획을 변경한다.

MÁS DE : (숫자) ~이상
마쓰 데

― Hay más de diez personas.

아이 마쓰 데 디에쓰 뻬르쏘나쓰

그곳에는 10명 이상의 사람이 있다.

― Él tiene más de treinta años.

엘 띠에네 마쓰 데 뜨레인따 아뇨쓰

그는 서른살이 넘었다.

― El postre cuesta más de 5 euros.

엘 뽀스뜨레 꾸에스따 마쓰 데 씬꼬 에우로쓰

후식은 5유로가 넘는다.

― Antonela lleva más de dos años en España.

안또넬라 예바 마쓰 데 도쓰 아뇨쓰 엔 에스빠냐

Antonela는 스페인에 온지 2년이 넘었다.

139

Conversaión
꼰베르싸씨온

1. ¿Dónde quieres ir?
   돈데 끼에레쓰 아르

   →Quiero viajar por Suiza.
   끼에로 비아하르 뽀르 쑤이싸

   너 어디 가고 싶어?

   나 스위스 여행하고 싶어.

2. ¿Con quién vas a viajar?
   꼰 끼엔 바쓰 아 비아하르

   →Voy a viajar con mi prima.
   보이 아 비아하르 꼰 미 쁘리마

   너 누구랑 여행 갈 거야?

   나 내 친척이랑 여행갈 거야.

3. ¿Tienes algún plan especial?
   띠에네쓰 알군 쁠란 에스뻬씨알

   →Sí, voy a Alemania por
   씨 보이 아 알레마니아 뽀르
   dos semanas.
   도쓰 쎄마나쓰

   너 특별한 계획 있어?

   응, 나 독일에 2주간 갈 거야.

4. ¿Por qué vas a Colombia?
   뽀르 께 바쓰 아 꼴롬비아

   →Para estudiar español.
   빠라 에스뚜디아르 에스빠뇰

   너 왜 콜롬비아 가?

   스페인어 공부하러.

5. ¿Cuánto llevas en Italia?
   꾼또 예바쓰 엔 이딸리아

   →Llevo tres meses.
   예보 뜨레쓰 메쎄쓰

   이탈리아에 온 지 얼마나 됐어?

   3달 됐어.

Escribe tu frase
에스끄리베 뚜 쁘라세

당신의 글을 쓰세요.

El sueño es el alivio de las miserias
para los que las sufren despiertos.

수면은 모든 문제를 치유하는 가장 좋은 약이다.

Miguel de Cervantes
미구엘 드 세르반테스

Día
디아

A : ¿Qué día es hoy?
께　디아 에쓰 오이

오늘 무슨 요일이에요?

B : Hoy es viernes.
오이　에쓰　비에르네쓰

오늘은 금요일입니다.

월요일	el lunes 엘 루네쓰	매주 월요일	los lunes 로쓰 루네쓰
화요일	el martes 엘 마르떼쓰	매주 화요일	los martes 로쓰 마르떼쓰
수요일	el miércoles 엘 미에르꼴레쓰	매주 수요일	los miércoles 로쓰 미에르꼴레쓰
목요일	el jueves 엘 후에베쓰	매주 목요일	los jueves 로쓰 후에베쓰
금요일	el viernes 엘 비에르네쓰	매주 금요일	los viernes 로쓰 비에르네쓰
토요일	el sábado 엘 싸바도	매주 토요일	los sábados 로쓰 싸바도쓰
일요일	el domingo 엘 도밍고	매주 일요일	los domingos 로쓰 도밍고쓰
주말	el fin de semana 엘 삔 데 쎄마나	매 주말	los fines de semana 로쓰 삐네쓰 데 쎄마나

Deseo ser pintora que pinta dibujos relacionados con España.
데쎄오 쎄르 삔또라 께 삔따 디부호쓰 렐라시오나도쓰 꼰 에스빠냐.

El español y la pintura son partes de mi vida.
엘 에스빠뇰 이 라 삔뚜라 쏜 빠르떼쓰 데 미 비다

나는 스페인과 관련된 그림을 그리는 화가가 되고 싶다.

스페인어와 그림은 내 인생의 한 부분이다.

이번 단원에서는 '직업'에 관한 것을 배웁니다.

- Desear, Dibujar, Relacionar, Mentir의 동사활용
- Relacionado con, Parte de를 활용한 표현

Vocabulario
보까불라리오

▸ la profesión 직업
라　쁘로뻬씨온

▸*científico/a 과학자
씨엔띠삐꼬/씨엔띠삐까

▸*médico/a 의사
메디꼬/메디까

▸*investigador/a 연구원
인베스띠가도르/인베스띠가도라

▸*enfermero/a 간호사
엔뻬르메로/엔뻬르메라

▸ el hospital 병원
엘　오스삐딸

▸ periodista 기자
뻬리오디스따

▸ el periódico 신문사
엘　뻬리오디꼬

▸*dependiente/a 점원
데뻰디엔떼/데뻰디엔따

▸ la tienda 가게
라　띠엔다

▸*banquero/a 은행원
방께로/방께라

▸ el banco 은행
엘　방꼬

▸*diseñador/a 디자이너
디쎄냐도르/디쎄냐도라

▸ el taller 공방
엘　따예르

▸*secretario/a 비서
쎄끄레따리오/쎄끄레따리아

▸ la oficina 사무실
라　오삐씨나

▸*azafato/a 승무원
아싸빠또/아싸빠따

▸ el laboratorio 연구실
엘　라보라또리오

▸*hotelero/a 호텔리어
오뗄레로/오뗄레라

▸ el hotel 호텔
엘　오뗄

* 주어의 성별에 따라 -o/-a(남성형/여성형) 구별하여 사용.

Pronunciación & Interpretación
쁘로눈씨아씨온　　　　　인떼르쁘레따씨온

Deseo
데쎄오
원하다, 바라다

Deseo　　ser　　pintura
데쎄오　　쎄르　　쁜뚜라
원하다　～이 되다　화가(여성)

pintura　que　pinta　dibujos
쁜뚜라　　께　　쁜따　다부호쓰
화가　　～하는　그리다　그림

dibujos　relacionados　con　España.
디부호쓰　렐라시오나도쓰　꼰　에스빠냐
그림　관계[관련]가 있는　～와　스페인

El español　y　la pintura
엘　에스빠뇰　이　라　쁜뚜라
스페인어　　와　　그림

son　　partes
쏜　　빠르떼쓰
～이다　부분, 일부

partes　de　mi　vida.
빠르떼쓰　데　미　비다
부분　～의　나의　인생

Conjugación
꼰후가씨온

DESEAR 원하다, 바라다 / (que+접속법) ~하기를 원하다
데쎄아르

Yo 나	Deseo 데쎄오	Nosotros 우리들 Nosotras	Deseamos 데쎄아모쓰
Tú 너	Deseas 데쎄아쓰	Vosotros 너희들 Vosotras	Deseáis 데쎄아이쓰
Usted 당신 Él 그 Ella 그녀	Desea 데쎄아	Ustedes 당신들 Ellos 그들 Ellas 그녀들	Desean 데쎄안

DIBUJAR (선으로)그리다, 스케치하다 / 디자인하다
디부하르

Yo 나	Dibujo 디부호	Nosotros 우리들 Nosotras	Dibujamos 디부하모쓰
Tú 너	Dibujas 디부하쓰	Vosotros 너희들 Vosotras	Dibujáis 디부하이쓰
Usted 당신 Él 그 Ella 그녀	Dibuja 디부하	Ustedes 당신들 Ellos 그들 Ellas 그녀들	Dibujan 디부한

* 참조 : Nosotros / Ellos = 남자들만 있거나 남녀혼합일 경우 사용.

RELACIONAR 관계시키다, 관련시키다
렐라시오나르

Yo 나	Relaciono 렐라시오노	Nosotros 우리들 Nosotras	Relacionamos 렐라시오나모쓰
Tú 너	Relacionas 렐라시오나쓰	Vosotros 너희들 Vosotras	Relacionáis 렐라시오나이쓰
Usted 당신 Él 그 Ella 그녀	Relaciona 렐라시오나	Ustedes 당신들 Ellos 그들 Ellas 그녀들	Relacionan 렐라시오난

MENTIR 거짓말 하다 / 속이다
멘띠르

Yo 나	Miento 미엔또	Nosotros 우리들 Nosotras	Mentimos 멘띠모쓰
Tú 너	Mientes 미엔떼쓰	Vosotros 너희들 Vosotras	Mentís 멘띠쓰
Usted 당신 Él 그 Ella 그녀	Miente 미엔떼	Ustedes 당신들 Ellos 그들 Ellas 그녀들	Mienten 미엔뗀

Expresión
엑쓰쁘레씨온

* RELACIONADO/A CON : ~와 관계(관련)가 있는
렐라시오나도/렐라시오나다　　　꼰

— Esto está relacionado con el libro.

에스또　에스따　렐라시오나도　　꼰　엘　리브로

이것은 책과 관련되었다.

— El trabajo está relacionado con el proyecto.

엘　뜨라바호　에스따　렐라시오나도　　꼰　엘　　쁘로옉또

일이 프로젝트랑 관련되었다.

— La película está relacionada con la Guerra Mundial.

라　뻴리꿀라　에스따　렐라시오나다　　꼰　라　게라　　　문디알

영화는 세계대전과 관련되었다.

— Está todo relacionado con la salud.

에스따　또도　　렐라시오나도　　꼰　라　쌀룯

이것은 모두 건강과 관련되었다.

* 주어의 성별에 따라 -o/-a(남성형/여성형) 구별하여 사용.

PARTE DE : ~의 부분(일부)

빠르떼　　데

— Tú formas una parte de mi vida.

뚜　뽀르마쓰　우나　빠르떼　데　미　비다

너는 내 인생의 한 부분이야.

— Es parte del proceso.

에쓰　빠르떼　델　뽀로쎄쏘

이건 과정의 일부이다.

— La primera parte de la novela se trata de amor.

라　쁘리메라　빠르떼　델　라　노벨라　쎄　뜨라따　데　아모르

소설의 앞 부분(혹은 1부)은 사랑에 대해 다룬다.

— La mayor parte de las clases hablamos en español.

라　마요르　빠르떼　데　라쓰　끌라쎄쓰　아블라모쓰　엔　에스빠뇰

대부분의 수업에서 우리들은 스페인어로 말한다.

Conversaión
꼰베르싸씨온

1. ¿A qué te dedicas?
   아 께 떼 데디까쓰

   →Soy investigadora.
   쏘이 인베스띠가도라

   너 무슨 일 해?

   나는 연구원이야.

2. ¿Trabajas o estudias?
   뜨라바하쓰 오 에스뚜디아쓰

   →Estudio español.
   에스뚜디오 에스빠뇰

   Soy estudiante.
   쏘이 에스뚜디안떼

   너 일해 아님 공부해?

   나스페인어공부해.

   나는 학생이야.

3. ¿A qué se dedica Fernando?
   아 께 쎄 데디까 뻬르난도

   →Es médico.
   에쓰 메디꼬

   Fernando는 무슨 일 해?

   그는 의사야.

4. ¿Qué haces?
   께 아쎄쓰

   →Soy hotelero.
   쏘이 오뗄레로

   Trabajo en el hotel AA.
   뜨라바호 엔 엘 오텔 아아

   너 무슨 일 해?

   나는 호텔리어야.

   AA호텔에서 일 해.

5. ¿Qué quieres ser?
   께 끼에레쓰 쎄르

   →Quiero ser periodista.
   끼에로 쎄르 뻬리오디스따

   너 뭐가 되고 싶어?

   나는 기자가 되고 싶어.

Escribe tu frase
에스끄리베 뚜 쁘라쎄

당신의 글을 쓰세요.

La realidad es muy difícil de soportar para
quienes creen que cualquier tiempo pasado fue mejor.

과거의 어느 순간이 더 낫다고 생각하는 이에게
현실은 매우 견디기 힘든 시간일 것이다.

El rey Juan Carlos I
후안 카를로스 1세, 전 스페인 국왕

Modelo
모델

마드리드에 있는 동안 함께 지내온 홈스테이 가족은 디자이너 가족이었다. 지금은 눈꺼풀이 얇아져 흐릿하게 쌍꺼풀 라인이 생겼지만, 그때까지만 해도 완전한 무쌍이었던 내가 독특했는지 홈스테이 할머니의 둘째 딸인 Silvia 언니를 포함한 디자이너들과 사진작가들이 나와 함께 작업을 하고 싶어 했다. 하지만 나는 부끄럼 쟁이었고, 사람들 앞에서 포즈를 취하거나 예쁘게 웃을 자신이 없었다. 그래서 결국 가장 친한 Silvia 언니를 도와 디자이너들의 마켓 행사였던 'NOMAD' 기간 동안 언니 브랜드의 모델로 아르바이트 아닌 아르바이트를 했었다. 별거 없었다. 그냥 하루 종일 언니가 만든 옷을 입고 사람들과 대화하고 판매를 돕는 일을 했었다. 지금 생각해보면 저 때가 스페인에서 가장 살이 포동포동 쪘을 때였던 것 같은데 무슨 자신감이었을까. 부끄럽다고 해놓고 사실 나는 그 상황을 즐겼나 보다. 살이 쪘든 말든 언니가 만든 옷을 입고 신나게 돌아다녔으니 말이다.

그날 이후로 언니가 언니의 가게에서 함께 일하며 독일에서 열리는 행사에 함께 가자고 제안했었는데, 지금 생각해보면 어린 마음에 조금 아쉬운 결정을 했던 것 같다. 새로운 경험을 할 수 있었음에도 불구하고 나는 빨리 한국에 돌아와서 학사학위 따는 걸 선택했으니 말이다.

그렇지만 내가 한 여러 선택으로 인해 지금의 내가 있다고 긍정적으로 생각해본다.

Todavía tengo muchas metas para realizar.
또다비아 뗑고 무차쓰 메따쓰 빠라 레알리싸르.

Por ejemplo, ser escritora, pintora, vivir en varias ciudades, etc.
뽀르 에헴쁠로, 쎄르 에스끄리또라, 삔또라, 비비르 엔 바리아쓰 씨우다데쓰, 엑쎄떼라.

나는 아직 이루고 싶은 목표가 많다.

예를 들면, 작가되기, 화가되기, 다양한 도시에 살아보기 등.

> **이번 단원에서는 '직업'에 관한 것을 배웁니다.**
> – Realizar, Cumplir, Pensar, Esforzarse의 동사활용
> – Todavía, Por ejemplo를 활용한 표현

Vocabulario
보까불라리오

▸ trabajar 뜨라바하르	일하다	▸ cantante 깐딴떼	가수
▸*camarero/a 까마레로/까마레라	웨이터	▸ modelo 모델로	모델
▸*cocinero/a 꼬씨네로/꼬씨네라	요리사	▸ la televisora 라 뗄레비쏘라	방송국
▸*juez/a 후에쓰/후에싸	판사	▸ el restuarante 엘 레스따우란떼	음식점
▸*abogado/a 아보가도/아보가다	변호사	▸ el tribunal 엘 뜨리부날	법원
▸ hombre de negocio 옴브레 데 네고씨오	남자 사업가	▸ la oficina 라 오삐씨나	사무실
▸ mujer de negocio 무헤르 데 네고씨오	여자 사업가	▸ el despacho 엘 데스빠초	집무실
▸*jefe/a 헤뻬/헤빠	사장	▸ el departamento 엘 데빠르따멘또	부서
▸*escritor/a 에스끄리또르/에스끄리또라	작가	▸ el editorial 엘 에디또리알	출판사
▸ actor/actriz 악또르/악뜨리쓰	배우/여배우	▸ etc(etcétera) 엑쎄떼라	등등

* 주어의 성별에 따라 -o/-a(남성형/여성형) 구별하여 사용.

Pronunciación & Interpretación
쁘로눈씨아씨온　　　　인떼르쁘레따씨온

Todavía
또다비아
아직

Todavía　　　**tengo**　　　**muchas**　**metas**
또다비아　　　　떼고　　　　　무차쓰　　메따쓰
아직　　내가 가지고 있다　　많은　　목표

metas　　　**para**　　　**realizar.**
메따쓰　　　　빠라　　　　레알리싸르
목표　　~을 목적으로　실현하다, 실행하다

Por ejemplo,
쁘르　　에헴쁠로
예를 들면

Por ejemplo,　　**ser**　**escritora,**　**pintora,**
쁘로　　에헴쁠로　　　쎄르　　에스끄리또라　　삔또라
예를 들면　　~이 되다　　작가　　　　화가

vivir　**en**　　**varias**　　**ciudades,**
비비르　　엔　　바리아쓰　　씨우다데쓰
살다　~에　다양한, 여러 가지의　　시, 도시

etc.
엑쎄떼라
등등

155

Conjugación
꼰후가씨온

REALIZAR 실현하다, 실행하다
레알리싸르

Yo 나	Realizo 레알리쏘	Nosotros 우리들 Nosotras	Realizamos 레알리싸모쓰
Tú 너	Realizas 레알리싸쓰	Vosotros 너희들 Vosotras	Realizáis 레알리싸이쓰
Usted 당신 Él 그 Ella 그녀	Realiza 레알리싸	Ustedes 당신들 Ellos 그들 Ellas 그녀들	Realizan 레알리싼

CUMPLIR (책임이나 의무 등을)완수하다, 실행하다, 달성하다
꿈쁠리르

Yo 나	Cumplo 꿈쁠로	Nosotros 우리들 Nosotras	Cumplimos 꿈쁠리모쓰
Tú 너	Cumples 꿈쁠레쓰	Vosotros 너희들 Vosotras	Cumplís 꿈쁠리쓰
Usted 당신 Él 그 Ella 그녀	Cumple 꿈쁠레	Ustedes 당신들 Ellos 그들 Ellas 그녀들	Cumplen 꿈쁠렌

* 참조 : Nosotros / Ellos = 남자들만 있거나 남녀혼합일 경우 사용.

PENSAR 생각하다, 숙고하다
뻰싸르

Yo 나	Pienso 삐엔쏘	Nosotros 우리들 Nosotras	Pensamos 뻰싸모쓰
Tú 너	Piensas 삐엔싸쓰	Vosotros 너희들 Vosotras	Pensáis 뻰싸이쓰
Usted 당신 Él 그 Ella 그녀	Piensa 삐엔싸	Ustedes 당신들 Ellos 그들 Ellas 그녀들	Piensan 삐엔싼

ESFORZARSE (+en, por) (~에) 힘쓰다, 노력하다
에스뽀르싸르쎄

Yo 나	Me esfuerzo 메 에스뿌에르쏘	Nosotros 우리들 Nosotras	Nos esforzamos 노쓰 에스뽀르싸모쓰
Tú 너	Te esfuerzas 떼 에스뿌에르싸쓰	Vosotros 너희들 Vosotras	Os esforzáis 오쓰 에스뽀르싸이쓰
Usted 당신 Él 그 Ella 그녀	Se esfuerza 쎄 에스뿌에르싸	Ustedes 당신들 Ellos 그들 Ellas 그녀들	Se esfuerzan 쎄 에스뿌에르싼

Expresión
엑쓰쁘레씨온

TODAVÍA : 아직
또다비아

— Todavía soy joven.

또다비아 쏘이 호벤

나는 아직 젊다.

— Todavía es temprano.

또다비아 에쓰 뗌쁘라노

(시간적으로) 아직 이르다.

— Todavía tenemos tiempo.

또다비아 떼네모쓰 띠엠뽀

우리는 아직 시간여유가 있다.

— Todavía tengo mucho trabajo.

또다비아 뗑고 무초 뜨라바호

나는 아직 일이 많다.

POR EJEMPLO : 예를 들면, 이를테면
뽀르   에헴쁠로

— Hay muchas frutas, por ejemplo, naranjas, uvas, etc.
아이   무차쓰   쁘루따쓰 뽀르 에헴쁠로   나랑하쓰   우바쓰 엑쎄떼라

많은 과일이 있다, 예를 들면, 오렌지, 포도 등.

— Puedo hablar varios idiomas, por ejemplo, coreano,
뿌에도   아블라르   바리오쓰   이디오마쓰   뽀르   에헴쁠로   꼬레아노

español, inglés, etc.
에스빠뇰   잉글레쓰 엑쎄떼라

나는 다양한 언어를 할 줄 안다, 예를 들면, 한국어, 스페인어, 영어 등.

— Quiero hacer algo interesante, por ejemplo, ir a la playa.
끼에로   아쎄르   알고   인떼레싼떼   뽀르   에헴쁠로 이르 알 라 쁠라야

나는 무언가 재미있는 것을 하고 싶다, 이를테면, 해변에 가기.

— ¿Qué te parece si quedamos, por ejemplo, el sábado?
께 떼   빠레쎄   씨   께다모쓰   뽀르   에헴쁠로   엘   싸바도

우리 만나는 거 어때, 이를테면, 토요일에?

Conversaión
꼰베르싸씨온

1. ¿A qué te dedicas?
   아 께 떼 데디까쓰

   너 무슨 일 해?

   →Soy hombre de negocio.
   쏘이 옴브레 데 네고씨오

   나는 사업가야.

2. ¿Qué haces?
   께 아쎄쓰
   ¿Trabajas o estudias?
   뜨라바하쓰 오 에스뚜디아쓰
   너 뭐해? 너 일해 아님 공부해?

   →Estudio. Me esfuerzo por
   에스뚜디오 메 에스뿌에르쏘 뽀르
   ser abogada.
   쎄르 아보가다
   나 공부해. 변호사가 되기 위해 노
   력하고 있어.

3. ¿A qué se dedica Paula?
   아 께 쎄 데디까 빠울라

   Paula 무슨 일 해?

   →Pienso que es cocinera.
   삐엔쏘 께 에쓰 꼬씨네라

   내 생각에 그녀는 요리사인 거 같아.

4. ¿Dónde trabajas?
   돈데 뜨라바하쓰

   너 어디서 일 해?

   →Trabajo en la empresa CC.
   뜨라바호 엔 라 엠쁘레싸 쎄쎄

   나 CC 회사에서 일해.

5. ¿Cuál es tu meta en la vida? →Quiero viajar por todo el
   꽐 에쓰 뚜 메따 엔 라 비다   끼예로 비아하르 뽀르 또도 엘
                              mundo.
                              문도
   너의 인생의 목표가 뭐야?   나는 전 세계를 여행하고 싶어.

Escribe tu frase

에스끄리베 뚜 쁘라쎄

당신의 글을 쓰세요.

Lo importante es marcarse metas en la vida y
poner toda tu alma en cumplirlas.

인생에서 가장 중요한 것은 목표를 정하고
그것을 이루기 위해 혼신을 다하는 것이다.

Amancio Ortega Gaona
아만시오 오르테가

El mejor rincón para ver el atardecer
석양을 볼 수 있는 가장 좋은 공간

이미 너무 유명하지만 나만 알고 싶은 예쁜 장소가 있다.

마드리드 레알 궁전 앞에 있는 알무데나 대성당이다. 알무데나 대성당은 스페인 왕족들이 레알 궁전에서부터 행차하여 성대한 결혼식을 올리는 곳이다. 하지만 내가 말하는 장소는 알무데나 대성당이 아닌 대성당 입구 앞 계단이다.

스페인에 있는 동안 나는 해 질 녘에 맞춰 레알 궁전으로 자주 향했었다. 특히 무언가 고민이 있거나 힘든 날에는 더욱더 찾게 되는 나만의 핫플레이스였다. 분명 감사하게도 먼 나라 스페인에서 스페인어만 생각하며 공부하고 있는 것인데도 외국에서 홀로 지내는 외로움과 미래에 대한 고민으로 머릿속이 복잡할 때가 있었다. 특히 그때가 하나밖에 없는 동생이 '고3'이었을 때였다. 나는 어쩌면 동생한테 언니가 가장 필요할 시기에 내가 나만 생각하고 언니 노릇 못하고 있는 건 아닌가 속상했다. 지금 생각해보면 그 정도로 속상해하지 않아도 됐는데!

그렇게 계단에서 한참을 붉은빛, 노란빛, 핑크빛이 섞인 하늘을 바라보다가 궁전과 대성당 사이에 있는 거대한 가로등 위로 올라갔었다. 담 너머로 영화 속에서나 볼 법한 아름다운 풍경의 마드리드 시내를 보고 있으면 속이 뻥 뚫리곤 했었다. 마드리드에 다시 돌아가면 싱숭생숭한 마음이 아닌, 그리웠던 마음과 반가운 마음으로 알무데나 성당에서 바라보는 석양에 흠뻑 취하고 싶다.

Los españoles suelen tener la barba.

로쓰 에스빠뇰레쓰 쑤엘렌 떼네르 라 바르바.

Y creo que les queda bien.

이 끄레오 께 레쓰 께다 비엔.

스페인 남자들은 대부분 턱수염이 있다.

수염이 잘 어울리는 것 같다.

> **이번 단원에서는 '외형'에 관한 것을 배웁니다.**
>
> – Soler, Quedar, Creer, Caer의 동사활용
> – Soler, Queda를 활용한 표현

Vocabulario
보까불라리오

▸*ser guapo/a 쎄르 구아뽀/구아빠	잘생겼다/예쁘다	▸*ser gordito/a 쎄르 고르디또/고르디따	통통하다
▸*ser hermoso/a 쎄르 에르모쏘/에르모싸	아름답다	▸*ser flaco/a 쎄르 쁠라꼬/쁠라까	말랐다
▸*ser feo/a 쎄르 뻬오/뻬아	못생겼다	▸*ser alto/a 쎄르 알또/알따	키가 크다
▸ tener el pelo 떼네르 엘 뻴로 corto 꼬르또	짧은 머리카락을 가지고 있다.	▸*ser bajo/a 쎄르 바호/바하	키가 작다
▸ tener el pelo 떼네르 엘 뻴로 largo 라르고	긴 머리카락을 가지고 있다.	▸ tener el 떼네르 엘 bigote 비고떼	콧수염을 가지고 있다
▸ tener el pelo 떼네르 엘 뻴로 liso 리쏘	생 머리카락을 가지고 있다	▸ tener la 떼네르 라 barba 바르바	턱수염을 가지고 있다
▸ tener el pelo 떼네르 엘 뻴로 rizado 리싸도	곱슬 머리카락을 가지고 있다	▸ tener los ojos 떼네르 로쓰 오호쓰 marrones 마로네쓰	갈색 눈을 가지고 있다
▸ tener el pelo 떼네르 엘 뻴로 teñido 떼니도	염색한 머리카락을 가지고 있다	▸ tener los 떼네르 로쓰 ojos azules 오호쓰 아쑬레쓰	파란 눈을 가지고 있다
▸*ser delgado/a 쎄르 델가도/델가다	날씬하다	▸ tener buen 떼네르 부엔 estilo 에스띨로	스타일이 좋다
▸*ser gordo/a 쎄르 고르도/고르다	뚱뚱하다	▸ tener buen 떼네르 부엔 cuerpo 꾸에르뽀	몸이 좋다

* 주어의 성별에 따라 -o/-a(남성형/여성형) 구별하여 사용.

Pronunciación & Interpretación
쁘로눈씨아씨온   인떼르쁘레따씨온

Los españoles
로쓰   에스빠뇰레쓰
스페인남자들 (*스페인사람들(남녀혼합)의 의미도 있음)

Los españoles   suelen
로쓰   에스빠뇰레쓰   쑤엘렌
  스페인남자들   곧잘[자주] ~하다, ~하는 습관이 있다

suelen   tener   la barba.
쑤엘렌   떼네르   라   바르바
주로 ~하다 가지다   턱수염

Y   creo que
이   끄레오   께
그리고   (무엇이라) 생각하다

creo que   les   queda
끄레오   께   레쓰   께다
  생각하다   그들에게   어울리다

les   queda bien.
레쓰   께다   비엔
그들에게   어울리다   잘

165

Conjugación
꼰후가씨온

SOLER 곧잘[자주, 늘] ~하다, ~하는 습관이 있다
쏠레르

Yo 나	Suelo 쑤엘로	Nosotros 우리들 Nosotras	Solemos 쏠레모쓰
Tú 너	Sueles 쑤엘레쓰	Vosotros 너희들 Vosotras	Soléis 쏠레이쓰
Usted 당신 Él 그 Ella 그녀	Suele 쑤엘레	Ustedes 당신들 Ellos 그들 Ellas 그녀들	Suelen 쑤엘렌

QUEDAR (옷 등이) 맞다/맞지 않다, 적합하다/적합하지 않다, (어떤 장소에 사람/물건이) 있다, 남다
께다르

Yo 나	Quedo 께도	Nosotros 우리들 Nosotras	Quedamos 께다모쓰
Tú 너	Quedas 께다쓰	Vosotros 너희들 Vosotras	Quedáis 께다이쓰
Usted 당신 Él 그 Ella 그녀	Queda 께다	Ustedes 당신들 Ellos 그들 Ellas 그녀들	Quedan 께단

* 참조 : Nosotros / Ellos = 남자들만 있거나 남녀혼합일 경우 사용.

CREER 생각하다, 숙고하다
끄레에르

Yo 나	Creo 끄레오	Nosotros 우리들 Nosotras	Creemos 끄레에모쓰
Tú 너	Crees 끄레에쓰	Vosotros 너희들 Vosotras	Creéis 끄레에이쓰
Usted 당신 Él 그 Ella 그녀	Cree 끄레에	Ustedes 당신들 Ellos 그들 Ellas 그녀들	Creen 끄레엔

CAER (옷 등이) 맞다/맞지 않다, 적합하다/적합하지 않다,
까에르 떨어지다, 낙하하다

Yo 나	Caigo 까이고	Nosotros 우리들 Nosotras	Cae 까에모쓰
Tú 너	Caes 까에쓰	Vosotros 너희들 Vosotras	Caéis 까에이쓰
Usted 당신 Él 그 Ella 그녀	Cae 까에	Ustedes 당신들 Ellos 그들 Ellas 그녀들	Caen 까엔

Expresión
엑쓰쁘래씨온

SOLER : 곧잘[자주, 늘] ~하다, ~하는 습관이 있다
쏠레르

— Ella suele tener el pelo largo.

에야 쑤엘레 떼네르 엘 뻴로 라르고

그녀는 늘 머리가 길다.

— Suelo tomar café por la mañana.

쑤엘로 또마르 까뻬 뽀르 라 마냐나

나는 오전에 자주[주로] 커피를 마신다.

— Suele llover mucho en verano.

쑤엘레 요베르 무초 엔 베라노

주로 여름에 비가 많이 온다.

— Solemos quedar los fines de semana.

쏠레모쓰 께다르 로쓰 삐네쓰 데 쎄마나

우리들은 자주[주로] 매주말에 만난다.

QUEDA/QUEDAN : (옷 등이 주어) 어울리다
께다   께단

— Me queda bien.

메   께다   비엔

저에게 잘 맞네요.

— La camiseta te queda muy bien.

라   까미쎄따   떼   께다   무이   비엔

티셔츠가 너에게 매우 잘 어울린다.

— Le quedan bien los pantalones.

레   께다   비엔   로쓰   빤딸로네쓰

당신/그/그녀에게 바지가 잘 어울린다.

— ¿Le queda bien el traje?

레   께다   비엔   엘   뜨라헤

당신/그/그녀에게 정장이 잘 어울리나요?

Conversaión
꼰베르싸씨온

1. ¿Cómo es Felisa?
   꼬모   에쓰   뻴리싸

   Felisa 어때?

   →Es muy guapa.
   에쓰 무이   구아빠

   그녀는 매우 예뻐.

2. ¿Cómo es Rafael?
   꼬모   에쓰   라빠엘

   Rafael 어때?

   →Tiene buen estilo.
   띠에네   부엔   에스띨로

   그는 스타일이 좋아.

3. ¿Cómo es tu mejor amiga?
   꼬모   에쓰 뚜 메호르   아미가

   너의 가장 친한 친구는 어때?

   →Es delgada y tiene el pelo
   에쓰   델가다   이 띠에네 엘 뻴로
   rizado.
   리싸도

   그녀는 날씬하고 곱슬머리야.

4. ¿Cómo piensas de él?
   꼬모   삐엔싸쓰 데 엘

   그에 대해 어떻게 생각해?

   →Es muy alto y tiene los ojos
   에쓰 무이 알또 이 띠에네 로쓰 오호쓰
   marrones.
   마로네쓰

   그는 매우 키가 크고 갈색 눈을
   가졌어.

5. ¿Cómo piensas de ella?
   꼬모   삐엔싸쓰   데 에야

   그녀에 대해 어떻게 생각해?

   →Es un poco baja,
   에쓰 운   뽀꼬 바하
   pero me encanta ella.
   뻬로   메   엔깐따   에야

   그녀는 키가 조금 작지만,
   나는 그녀가 매우 좋아.

Escribe tu frase

에스끄리베 뚜 쁘라쎄

당신의 글을 쓰세요.

Lo peor que hacen los malos es obligarnos a dudar de los buenos.

어리석은 사람들의 가장 나쁜 습관은 좋은 것을 의심부터 하는 것이다.

Jacinto Benevente

하신또 베나벤떼

Estación
에스따씨온

A : ¿En qué estación estamos?
엔 께 에스따씨온 에스따모쓰

무슨 계절이에요?

B : Estamos en otoño.
에스따모쓰 엔 오또뇨

가을이에요.

A : ¿Qué estación es en España?
께 에스따씨온 에쓰 엔 에스빠냐

스페인은 무슨 계절이에요?

B : Es verano en España.
에쓰 베라노 엔 에스빠냐

스페인은 여름이에요.

A : ¿Cuál es tu estación favorita?
꽐 에쓰 뚜 에스따씨온 빠보리따

가장 좋아하는 계절이 뭐에요?

B : Mi estación favorita es primavera.
미 에스따씨온 빠보리따 에쓰 쁘리마베라

제가 가장 좋아하는 계절은 봄입니다.

봄	여름	가을	겨울
la primavera	el verano	el otoño	el invierno
라 쁘리마베라	엘 베라노	엘 오또뇨	엘 인비애르노

Las bailarinas de flamenco son muy guapas y atractivas.

라쓰 바일라리나쓰 데 쁠라멩고 쏜 무이 구아빠쓰 이 아뜨락띠바쓰.

Se ven más guapas con vestidos rojos.

쎄 벤 마쓰 구아빠쓰 꼰 베스띠도쓰 로호쓰.

플라멩고 댄서들은 매우 예쁘고 매력적이다.

빨간 원피스를 입은 모습은 더욱 예뻐 보인다.

> **이번 단원에서는 '외형'에 관한 것을 배웁니다.**
> – Bailar, Cantar, Tocar, Participar의 동사활용
> – Se ve, Disfrutar를 활용한 표현

Vocabulario
보까불라리오

▸*ser mono/a 쎄르 모노/모나	귀여운	▸*ser moreno/a 쎄르 모레노/모네라	구리빛의
▸ ser joven 쎄르 호벤	젊은	▸*ser viejo/a 쎄르 비에호/비에하	나이 든
▸ tener los ojos 떼네르 로쓰 오호쓰 redondos 레돈도쓰	눈이 동그랗다	▸ tener el flequillo 떼네르 엘 쁠레끼요	앞머리가 있다
▸ tener los ojos 떼네르 로쓰 오호쓰 grandes 그란데쓰	눈이 크다	▸ tener los ojos 떼네르 로쓰 오호쓰 pequeños 뻬께뉴쓰	눈이 작다
▸ tener los 떼네르 로쓰 párpado dobles 빠르빠도쓰 도블레쓰	쌍꺼풀이 있다	▸ tener los ojos 떼네르 로쓰 오호쓰 achinados 아치나도쓰	가늘고 긴 눈이다
▸ tener la cara 떼네르 라 까라 pequeña 뻬께냐	얼굴이 작다	▸ tener la cara 떼네르 라 까라 grande 그란데	얼굴이 크다
▸ tener la cara 떼네르 라 까라 delgada 델가다	얼굴이 갸름하다	▸ tener el lunar 떼네르 엘 루나르 atractivo 아뜨락띠보	매력점이 있다
▸ llevar las gafas 예바르 라쓰 가빠쓰	안경을 썼다	▸ llevar las gafas 예바르 라쓰 가빠쓰 de sol 데 쏠	선글라스를 썼다
▸ la canción 라 깐씨온	음악, 노래	▸ el instrumento 엘 인스뜨루멘또	악기
▸ el tango 엘 땅고	탱고	▸ la salsa 라 쌀싸	살사

* 주어의 성별에 따라 –o/–a(남성형/여성형) 구별하여 사용.

Pronunciación & Interpretación
쁘로눈씨아씨온   인떼르쁘레따씨온

Las bailarinas
라쓰 : 바일라리나쓰
춤추는, 춤추는 사람(여성)

Las bailarinas   de   flamenco
라쓰   바일라리나쓰   데   쁠라멩고
댄서들(여성)   ~의   플라멩고

son   muy guapas
쏜   무이   구아빠쓰
그들이 ~이다   매우   예쁜

son   muy   guapas   y   atractivas.
쏜   무이   구아빠쓰   이   아뜨락띠바쓰
~이다   매우   예쁜   그리고   매력적인(여성)

Se ven
쎄 벤
그들이 (~처럼) 보이다

Se ven   más   guapas
쎄 벤   마쓰   구아빠쓰
(~처럼)보이다   더, 더욱   예쁜

más guapas   con   vestidos rojos .
마쓰   구아빠스   꼰   베스띠도쓰   로호쓰
더   예쁜   ~과[와]   원피스   붉은

Conjugación
꼰후가씨온

BAILAR 춤추다
바일라르

Yo 나	Bailo 바일로	Nosotros 우리들 Nosotras	Bailamos 바일라모쓰
Tú 너	Bailas 바일라쓰	Vosotros 너희들 Vosotras	Bailáis 바일라이쓰
Usted 당신 Él 그 Ella 그녀	Baila 바일라	Ustedes 당신들 Ellos 그들 Ellas 그녀들	Bailan 바일란

CANTAR 노래하다 / (동물, 특히 새가) 지저귀다, 울다
깐따르

Yo 나	Canto 깐또	Nosotros 우리들 Nosotras	Cantamos 깐따모쓰
Tú 너	Cantas 깐따쓰	Vosotros 너희들 Vosotras	Cantáis 깐따이쓰
Usted 당신 Él 그 Ella 그녀	Canta 깐따	Ustedes 당신들 Ellos 그들 Ellas 그녀들	Cantan 깐딴

* 참조 : Nosotros / Ellos = 남자들만 있거나 남녀혼합일 경우 사용.

TOCAR (손을) 대다, 닿다, 만지다/
또까르   (악기나 작품을) 연주하다, 치다 / (문을) 두드리다

Yo 나	Toco 또꼬	Nosotros 우리들 Nosotras	Tocamos 또까모쓰
Tú 너	Tocas 또까쓰	Vosotros 너희들 Vosotras	Tocáis 또까이쓰
Usted 당신 Él 그 Ella 그녀	Toca 또까	Ustedes 당신들 Ellos 그들 Ellas 그녀들	Tocan 또깐

PARTICIPAR (+en) (~에) 참가하다, 참여하다
빠르띠씨빠르

Yo 나	Participo 빠르띠씨뽀	Nosotros 우리들 Nosotras	Participamos 빠르띠씨빠모쓰
Tú 너	Participas 빠르띠씨빠쓰	Vosotros 너희들 Vosotras	Participáis 빠르띠씨빠이쓰
Usted 당신 Él 그 Ella 그녀	Participa 빠르띠씨빠	Ustedes 당신들 Ellos 그들 Ellas 그녀들	Participan 빠르띠씨빤

Expresión
엑쓰쁘레씨온

SE VE / VEN : 보이다 / (~라는) 상태에 있다, ~이다 / (~처럼) 보이다
쎄 베 벤

— Rocío se ve muy contento.

로씨오 쎄 베 무이 꼰뗀또

Roció는 매우 만족해 보인다.

— La gente se ve muy ocupada.

라 헨떼 쎄 베 무이 오꾸빠다

사람들은 매우 바빠 보인다.

— Se ve la vista nocturna desde la ventana.

쎄 베 라 비스따 녹뚜르나 데스데 라 벤따나

창문에서 야경이 보인다.

— Los jóvenes se ven afectados por los medios de comunicación.

로쓰 호베네쓰 쎄 벤 아뻭따도쓰 뽀르 로쓰 메디오쓰 데 꼬무니까씨온

젊은 사람들은 대중 매체의 영향을 많이 받는 것 같다.

DISFRUTAR (+de) : (+de) (무엇을) 향수하다, 누리다 / (무엇을) 즐기다
디스쁘루따르

— Vamos a disfrutar las vacaciones.

바모쓰 아 디스쁘루따르 라쓰 바까씨오네쓰

우리 휴가를 즐기자.

— Ella disfruta el presente plenamente.

에야 디스쁘루따 엘 쁘레젠떼 쁠레나멘떼

그녀는 현재를 완전히 즐긴다.

— Hay que disfrutar de la vida.

아이 께 디스쁘루따르 델 라 비다

인생을 즐겨야 한다.

— Disfruto del tiempo aquí en España.

디스쁘루또 델 띠엠뽀 아끼 엔 에스빠냐

나는 여기 스페인에서의 시간을 즐긴다.

Conversaión
꼰베르싸씨온

1. ¿Cómo es Manuel?
   꼬모 에쓰 마누엘

   Manuel 어때?

   →Es moreno.
   에쓰 모레노

   그는 구리빛 피부를 가졌어.

2. ¿Cómo es Rosa?
   꼬모 에쓰 로싸

   Rosa 어때?

   →Lleva las gafas.
   예바 라쓰 가빠쓰

   안경 썼어.

3. ¿Cómo es tu mejor amiga?
   꼬모 에쓰 뚜 메호르 아미고

   너의 가장 친한 친구는 어때?

   →Ella baila muy bien.
   에야 바일라 무이 비엔

   그녀는 춤을 매우 잘 쳐.

4. ¿Cómo piensas de él?
   꼬모 삐엔싸쓰 데 엘

   그에 대해 어떻게 생각해?

   →Es muy actractivo y tiene
   에쓰 무이 아뜨락띠보 이 띠에네
   los ojos grandes.
   로쓰 오호쓰 그란데쓰

   그는 매우 매력적이고 큰 눈을가졌어.

5. ¿Cómo piensas de ella?
   꼬모 삐엔싸쓰 데 에야

   그녀에 대해 어떻게 생각해?

   →Ella es muy mona y toca
   에야 에쓰 무이 모나 이 또까
   muy bien el piano.
   무이 비엔 엘 삐아노

   그녀는 매우 귀엽고 피아노를 잘 쳐.

Escribe tu frase
에스끄리베 뚜 쁘라쎄

당신의 글을 쓰세요.

La acción es la clave fundamental de cualquier éxito.

행동은 모든 성공의 기본 열쇠이다.

Pablo Picasso
파블로 피카소

¡Soy más alta que las gitanas!
내가 집시들보다 키 커!

동생이랑 함께 유럽여행을 했었다.

마드리드에 도착한 첫날, 잔뜩 신이 난 채로 내가 다녔던 예쁜 장소들을 동생에게 소개해줬다. 그중 한 곳은 'Templo de Debod; 템플로 데 데봇'이라는 곳이다.

여기서 바라보는 마드리드 레알 궁전과 시내는 끝내주게 멋있다.

단점이라고 하자면 올라가는 길부터 집시들이 많은 것이다.

혼자 다닐 때는 한 번을 당하지 않았는데, 동생과 함께해서 너무 기분이 업되어 있었나 보다. 그 흔한 집시들의 UNICEF 거짓말에 속아 동생이 200유로가 넘게 뺏길뻔했다. 나는 순간적인 힘으로 그들을 제압했는데, 집시들이 돈을 뺏기지 않으려고 손을 있는 힘껏 머리 위로 뻗었다. 그래도 키가 작아서인지 내가 까치발만 들면 다 닿는 높이였다. 물론 내가 힘이 센 것도 한몫했던 거 같다.

다행히 돈은 하나도 뺏기지 않았지만, 너무 화가 났다. 어느 정도였냐면 욱해서 집시들을 칠 뻔했다. 그리고 너무 신만 나있던 우리들은 그 뒤로 긴장을 늦추지 않기로 다짐했었다.

내 동생은 그 이후로 유럽의 깡패처럼 다가오는 소매치기와 집시들을 눈빛과 한국 욕으로 모조리 제압했다. 역시 한국 욕이 최고야.

Los españoles son muy divertidos y habladores.
로쓰 에스빠뇰레쓰 쏜 무이 디베르띠도쓰 이 아블라도레쓰.

El tiempo pasa volando cuando estoy con ellos.
엘 띠엠뽀 빠싸 볼란도 꽌도 에스또이 꼰 에요쓰.

스페인사람들은 매우 재미있고 수다쟁이들이다.

스페인사람들과 함께 있으면 시간이 매우 빨리 지나간다.

> **이번 단원에서는 '성격'에 관한 것을 배웁니다.**
> - Volar, Andar, Correr, Conducir의 동사활용
> - ~ando, Parece que를 활용한 표현

Vocabulario
보까불라리오

▸ la personalidad 성격
라　 뻬르쏘날리닫

▸*serio/a 진지한
쎄리오/쎄리아

▸*simpático/a 착한, 친절한
씸빠띠꼬/씸빠띠까

▸*bueno/a 좋은
부에노/부에나

▸*antipático/a 불친절한
안띠빠띠꼬/안띠빠띠까

▸*malo/a 나쁜
말로/말라

▸*hablador/a 수다쟁이
아블라도르/아블라도라

▸*estricto/a 엄격한
에스뜨릭또/에스뜨릭따

▸ alegre 기쁜, 즐거운
알레그레

▸ fuerte 강한
뿌에르떼

▸ feliz 행복한
뻴리쓰

▸ débil 약한
데빌

▸ amable 친절한,
아마블레　　 사랑스러운

▸*gracioso/a 재미있는, 웃긴
그라시오쏘/그라시오싸

▸ inteligente 똑똑한
인뗄리헨떼

▸*amigo/a 친구
아미고/아미가

▸*bobo/a 바보
보보/보바

▸*compañero/a 동료, 동기
꼼빠녜로/꼼빠녜라

▸*tonto/a 바보같은,
똔또/똔따　　 멍청한

▸ tiempo 시간, 때
띠엠뽀

* 주어의 성별에 따라 -o/-a(남성형/여성형) 구별하여 사용.

Pronunciación & Interpretación
쁘로눈씨아씨온   인떼르쁘레따씨온

Los españoles
로쓰   에스빠뇰레쓰
  스페인 사람들

Los españoles   son   muy   divertidos
로쓰   에스빠뇰레쓰   쏜   무이   디베르띠도쓰
  스페인 사람들   ~이다   매우   즐거운, 재미있는

divertidos   y   habladores.
디베르띠도쓰   이   아블라도레쓰
  재미있는   그리고   말이 많은, 수다스러운

El tiempo
엘   띠엠뽀
  시간, 때

El tiempo   pasa
엘   띠엠뽀   빠싸
시간 (때를) 보내다, 지내다

pasa   volando
빠싸   볼란도
지나가다   날아서

cuando
꽌도
~할 때

cuando   estoy   con   ellos.
꽌도   에스또이   꼰   에요쓰
~할 때   내가 있다   ~와[과] 그들

185

Conjugación
꼰후가씨온

VOLAR (날개로) 날다 / (비행기가) 날다, 비행하다
볼라르

Yo 나	Vuelo 부엘로	Nosotros 우리들 Nosotras	Volamos 볼라모쓰
Tú 너	Vuelas 부엘라쓰	Vosotros 너희들 Vosotras	Voláis 볼라이쓰
Usted 당신 Él 그 Ella 그녀	Vuela 부엘라	Ustedes 당신들 Ellos 그들 Ellas 그녀들	Vuelan 부엘란

ANDAR 걷다, 걸어가다
안다르

Yo 나	Ando 안도	Nosotros 우리들 Nosotras	Andamos 안다모쓰
Tú 너	Andas 안다쓰	Vosotros 너희들 Vosotras	Andáis 안다이쓰
Usted 당신 Él 그 Ella 그녀	Anda 안다	Ustedes 당신들 Ellos 그들 Ellas 그녀들	Andan 안단

* 참조 : Nosotros / Ellos = 남자들만 있거나 남녀혼합일 경우 사용.

CORRER 달리다, 뛰다
꼬레르

Yo 나	Corro 꼬로	Nosotros 우리들 Nosotras	Corremos 꼬레모쓰
Tú 너	Corres 꼬레쓰	Vosotros 너희들 Vosotras	Corréis 꼬레이쓰
Usted 당신 Él 그 Ella 그녀	Corre 꼬레	Ustedes 당신들 Ellos 그들 Ellas 그녀들	Corren 꼬렌

CONDUCIR 운전하다
꼰두씨르

Yo 나	Conduzco 꼰두쓰꼬	Nosotros 우리들 Nosotras	Conducimos 꼰두씨모쓰
Tú 너	Conduces 꼰두쎄쓰	Vosotros 너희들 Vosotras	Conducís 꼰두씨쓰
Usted 당신 Él 그 Ella 그녀	Conduce 꼰두쎄	Ustedes 당신들 Ellos 그들 Ellas 그녀들	Conducen 꼰두쎈

Expresión
엑쓰쁘레씨온

~ando / ~iendo / ~iendo : (영어의 be -ing형태) ~하면서
안도　　　　이엔도　　　　이엔도
(* -ar 동사 ~ando / -er동사 ~iendo / -ir동사 ~iendo)

— Estoy hablando con Laura.

에스또이　아블란도　꼰　라우라

나는 Laura와 말하고 있다.

— Estamos comiendo ahora.

아스따모쓰　　꼬미엔도　　아오라

우리들은 지금 먹고 있다.

— Ella está escriendo una carta para su novio.

에야　에스따　에스끄리비엔도　우나　까르따　빠라　쑤　노비오

그녀는 그녀의 남자친구를 위해 편지를 쓰고 있다.

— Están disfrutando el festival de flores.

에스딴　　디스쁘루딴도　엘　뻬스띠발　데　쁠로레쓰

그들은 꽃 축제를 즐기고 있다.

PARECE QUE : ~인 것 같다
빠레쎄　　께

─ Parece que va a llover.
　　빠레쎄　　께　바　아　요베르

비가 올 것 같다.

─ Parece que él va a llegar tarde.
　　빠레쎄　　께　엘　바　아　예가르　따르데

그가 늦게 도착할 것 같다.

─ Parece que es muy simpático.
　　빠레쎄　　께　에쓰　무이　씸빠띠꼬

(당신/그/그녀가) 매우 착한 것 같다.

─ Parece que ella está ocupada.
　　빠레쎄　　께　에야　에스따　오꾸빠다

그녀는 바빠 보인다.

Conversaión
꼰베르싸씨온

1. ¿Cómo es tu compañero?
꼬모 에쓰 뚜 꼼빠녜로

→Es muy amble.
에쓰 무이 아마블레

네 동기 어때?

그는 매우 친절해.

2. ¿Cómo son?
꼬모   쏜

→Son muy inteligentes.
쏜   무이   인뗄리헨떼쓰

그들은 어때?

그들은 매우 똑똑해.

3. ¿Cómo es tu mejor amiga?
꼬모 에쓰 뚜 메호르 아미가

→Es muy graciosa.
에쓰 무이   그라시오싸

너의 가장 친한 친구는 어때?

그녀는 매우 재미있어.

4. ¿Cómo piensas de él?
꼬모   삐엔싸쓰 데 엘

→Es muy buena persona.
에쓰 무이 부에나   뻬르쏘나

그에 대해 어떻게 생각해?

그는 매우 좋은 사람이야.

5. ¡Vamos a quedar hoy!
바모쓰 아 께다르 오이

→No tengo tiempo.
노   뗑고   띠엠뽀

우리 오늘 만나자!

나 시간 없어.

Escribe tu frase
에스끄리베 뚜 쁘라쎄

당신의 글을 쓰세요.

A veces sueño despierta en cama.

때론, 침대에서 깬 채 꿈을 꿉니다.

Eva Armisén
에바 알머슨

El Orgullo Gay Madrid

마드리드 Orgullo 게이 축제

사실 나는 이 날이 Orgullo인줄도 모르고 스페인 친구를 만나러 시내로 향했었다.

사람들이 너무 많아서 '또 파업하나?'라고 생각하고 있었는데 그러기엔 사람들이 엄청 신나 보이고 게이들이 유독 많아 보였다.

그리고 갑자기 야시꾸리한 퍼레이드가 시작되었다. 나는 '이게 뭐지?'라는 생각을 하며 중요부위만 겨우 가린, 아니 사실 그것도 가린 척만 하고 거의 누드로 퍼레이드에 참여하고 있는 성소수자들을 볼 수 있었다.

그렇게 친구를 만나러 가는 길에 나는 갑자기 하늘 위에서 쏟아진 물벼락을 맞았다. 당황해서 위를 쳐다보니 게이들이 손 키스를 날리고 있었고, 주위를 보니 호텔 테라스에서 게이들이 신나게 버켓에 담은 물을 길거리에 쏟아 붓고 있었다. 알고 보니 축제의 한 문화란다. 물에 쫄딱 젖은 나를 보고 친구는 엄청 웃었다.

사실 나는 호텔 테라스뿐만 아니라 퍼레이드를 하는 게이들의 타겟이었다. 나도 물총이 있었으면 가만두지 않았을 텐데.

아무튼 그렇게 우리는 축제를 즐겼다. 문화충격이라면 문화충격이지만 서로의 다름을 인정하고 축제로써 모두 함께 즐기는 Orgullo는 멋있는 축제였고, 멋있는 축제이다.

10 de septiembre, 2019
디에쓰 데 쎕띠엠브레 도쓰밀 디에씨누에베

2019년 9월 10일

==Mis compañeros de clase de español y yo,==
미쓰 꼼빠녜로쓰 데 끌라쎄 데 에스빠뇰 이 요,

==somos muy alegres y graciosos.==
쏘모쓰 무이 알레그레쓰 이 그라시오쏘쓰.

==Cuando nos encontramos, charlamos por mucho tiempo.==
꽌도 노쓰 엔꼰뜨라모쓰 차를라모쓰 뽀르 무초 띠엠뽀.

스페인어 수업의 친구들과 나는 매우 유쾌하고 재미있는 성격이다.

우리는 만나면 몇 시간씩 수다를 떤다.

이번 단원에서는 '성격'에 관한 것을 배웁니다.

- Encontrarse, charlar, Parar, Llorar의 동사활용
- Encontrarse, Por mucho tiempo를 활용한 표현

Vocabulario
보까불라리오

▸*majo/a 좋은, 세련된　▸ valiente 용감한, 용기있는
　마호/마하　　　　　　　　　발리엔떼

▸ formal 예의바른　　　▸*perezoso/a 게으른, 나태한
　뽀르말　　　　　　　　　　베레쏘쏘/베레쏘싸

▸ informal 예의 없는　　▸ diligente 근면한, 부지런한
　인뽀르말　　　　　　　　　딜리헨떼

▸*atractivo/a 매력적인　▸*sincero/a 성실한, 솔직한
　아뜨락띠보/아뜨락띠바　　　씬쎄로/씬쎄라

▸*tranquilo/a 조용한, 차분한　▸*metiroso/a 거짓말을 잘 하는
　뜨란낄로/뜨란낄라　　　　　멘띠로쏘/멘띠로싸

▸*trabajador/a 일벌레, 워커홀릭　▸ persona 사람
　뜨라바하도르/뜨라바하도라 (일을 열심히 하는)　　빼르쏘나

▸*estudioso/a 공부벌레　▸ gente 사람들
　에스뚜디오쏘/에스뚜디오싸 (공부를 열심히 하는)　헨떼　　=personas
　　　　　　　　　　　　　　　　　　　빼르쏘나쓰

▸ egoísta 이기적인　　　▸ tener cita 약속이있다
　에고이스따　　　　　　　　떼네르　씨따

▸*tímido/a 소심한,　　　▸ todo 모든
　띠미도/띠미다 내성적인　　또도

▸*activo/a 활발한,　　　▸ nada 아무것도
　악띠보/악띠바 활동적인　　나다

* 주어의 성별에 따라 -o/-a(남성형/여성형) 구별하여 사용.

Pronunciación & Interpretación
쁘로눈씨아씨온　　　　　인떼르쁘레따씨온

Mis　compañeros　de　　　clase
미쓰　　꼼빠녜로쓰　　　데　　　끌라쎄
나의　　동료, 짝　　~의　학급, 교실, 수업

compañeros　de　clase　de　español
꼼빠녜로쓰　　데　끌라쎄　데　에스빠뇰
　동료들　　~의　수업　~의　스페인어

y　　　yo,
이　　　요
그리고　나

somos
쓰모쓰
우리들은

muy　　alegres　　　y　　　　graciosos.
무이　　알레그레쓰　　　이　　　　그라씨오쓰쓰
매우　명량한, 즐거운　그리고　재미있는, 익살이 넘치는

Cuando　　　nos encontramos,
꽌도　　　　노쓰　엔꼰뜨라모쓰
　~할 때　　우리가 (약속한 장소에서) 만나다

charlamos
차를라모쓰
담소하다, 이야기하다

charlamos　por mucho tiempo.
차를라모쓰　　뽀르　　무초　　띠엠뽀
　수다떨다　　　　　오랫동안

195

동사활용

Conjugación
꼰후가씨온

ENCONTRARSE (~의 상태에) 있다 / (약속한 곳에서) 만나다/ (우연히) 만나다
엔꼰뜨라르쎄

Yo 나	Me encuentro 메 엔꾸엔뜨로	Nosotros 우리들 Nosotras	Nos encontramos 노쓰 엔꼰뜨라모쓰
Tú 너	Te encuentras 떼 엔꾸엔뜨라쓰	Vosotros 너희들 Vosotras	Os encontráis 오쓰 엔꼰뜨라이쓰
Usted 당신 Él 그 Ella 그녀	Se encuentra 쎄 엔꾸엔뜨라	Ustedes 당신들 Ellos 그들 Ellas 그녀들	Se encuentran 쎄 엔꾸엔뜨란

CHARLAR 담소하다, 이야기하다
차를라르

Yo 나	Charlo 차를로	Nosotros 우리들 Nosotras	Charlamos 차를라모쓰
Tú 너	Charlas 차를라쓰	Vosotros 너희들 Vosotras	Charláis 차를라이쓰
Usted 당신 Él 그 Ella 그녀	Charla 차를라	Ustedes 당신들 Ellos 그들 Ellas 그녀들	Charlan 차를란

* 참조 : Nosotros / Ellos = 남자들만 있거나 남녀혼합일 경우 사용.

PARAR (움직임이나 동작을) 멈추다, 세우다, 막다
빠라르

Yo 나	Paro 빠로	Nosotros 우리들 Nosotras	Paramos 빠라모쓰
Tú 너	Paras 빠라쓰	Vosotros 너희들 Vosotras	Paráis 빠라이쓰
Usted 당신 Él 그 Ella 그녀	Para 빠라	Ustedes 당신들 Ellos 그들 Ellas 그녀들	Paran 빠란

LLORAR 울다, 눈물을 흘리다
요라르

Yo 나	Lloro 요로	Nosotros 우리들 Nosotras	Lloramos 요라모쓰
Tú 너	Lloras 요라쓰	Vosotros 너희들 Vosotras	Lloráis 요라이쓰
Usted 당신 Él 그 Ella 그녀	Llora 요라	Ustedes 당신들 Ellos 그들 Ellas 그녀들	Lloran 요란

Expresión
엑쓰쁘레씨온

ENCONTRARSE : (~의 상태에) 있다/ (약속한 곳에서) 만나다/ (우연히) 만나다
엔꼰뜨라르쎄

— Me encuentro bien.

메   엔꾸엔뜨로   비엔

나는 건강하다.(기분, 상태가 좋다)

— Nos encontramos en el centro comercial.

노쓰   엔꼰뜨라모쓰   엔 엘 쎈뜨로   꼬메르씨알

우리들은 쇼핑센터에서 만난다.

— ¡Vamos a encontrarnos el viernes!

바모쓰 아   엔꼰뜨라르노쓰   엘 비에르네쓰

우리 금요일에 만나자!

— Me encuentro con Leticia por casualidad.

메   엔꾸엔뜨로   꼰   레띠씨아   뽀르   까쑤알리다드

내가 Leticia와 우연히 만난다.

POR MUCHO TIEMPO : 오랫동안
뽀르 무초 띠엠뽀

- Nos conocemos por mucho tiempo.

  노쓰 꼬노쎄모쓰 뽀르 무초 띠엠뽀

  우리는 오랫동안 아는 사이이다.

- Hablamos sobre el tema por mucho tiempo.

  아블라모쓰 쏘브레 엘 떼마 뽀르 무초 띠엠뽀

  우리들은 그 주제에 관하여 오랫동안 이야기한다.

- Trabajo por mucho tiempo por el proyecto.

  뜨라바호 뽀르 무초 띠엠뽀 뽀르 엘 뽀로옉또

  나는 프로젝트를 위해 오랫동안 일한다.

- Está jugando con el móvil por mucho tiempo.

  에스따 후간도 꼰 엘 모빌 뽀르 무초 띠엠뽀

  (당신/그/그녀가) 핸드폰을 오랫동안 한다.(가지고 논다)

Conversaión
꼰베르싸씨온

1. ¿Cómo es Concha?
꼬모 에쓰 꼰차

→Es maja.
에쓰 마하

Concha 어때?

그녀는 매우 좋은 사람이야.

2. ¿Cómo es tu jefe?
꼬모 에쓰 뚜 헤뻬

→Es muy trabajador.
에쓰 무이 뜨라바하도르

너희 사장님 어때?

그는 매우 워커홀릭이야.

3. ¿Qué haces hoy?
께 아쎄쓰 오이

→Hoy tengo cita con mi novio.
오이 뗑고 씨따 꼰 미 노비오

너 오늘 뭐해?

나 남자친구랑 데이트 있어.

4. ¿Qué tal todo?
께 딸 또도

→Todo muy bien. Gracias.
또도 무이 비엔 그라시아쓰

잘 지내?

다 좋아. 고마워.

5. ¿Te pasa algo?
떼 빠싸 알고

→No, no pasa nada.
노 노 빠싸 나다

너 무슨 일 있어?

아니, 아무 일 없어.

Escribe tu frase
에스끄리베 뚜 쁘라쎄

당신의 글을 쓰세요.

Podrán cortar todas las flores,
pero no podrán detener la primavera.

모든 꽃을 자를 수 있겠지만,
결코 봄이 오는 것을 막을 수 없다.

Pablo Neruda
파블로 네루다

Morena
구릿빛

어느 날, 홈스테이 할머니가 자신만의 공간인 Marbella로 나를 초대해 주셨다. 정말 텔레비전에서 보던 파란 바다와 화이트 건축물들, 알록달록 예쁜 꽃과 나무들이 어우러진 동네였다. 천국에 온 것만 같았다.

Marbella에서는 동양인이라곤 눈을 씻고도 찾아볼 수 없었는데 이때 내 스페인어 실력이 한층 더 성장했던 것 같다.

한국에서는 하얀 피부가 대세지만 스페인에서는, 특히 여름엔 구릿빛이 대세다. 스무 살 초반 즈음 내 피부는 뱀파이어처럼 하얗다 못해 창백했었다. 그래서인지 할머니는 더더욱 나에게 오일을 잔뜩 바르고 피부를 태울 걸 추천하셨고, 나는 배에 주근깨가 생길 정도로 열심히 피부를 태웠다. 아니 사실 배에 주근깨뿐만 아니라 얼굴의 주근깨도 함께 짙어져 갔다.

매일 저녁 집으로 돌아와 발갛게 그을린 피부를 보며 나는 굉장히 만족해했다. 그렇게 2주 정도를 살았을까, 나는 누가 봐도 까무잡잡한 피부를 갖게 되었다. 피부가 까무잡잡해지니 진한 화장과 더불어 나의 이미지는 점점 교포화되어갔다. 즐겨 쓰던 섀도 색도 어색해지고 다른 섀도 색을 찾아야 했지만 그때 당시 나는 '외국에 사는 여자'의 이미지가 된 것 같아 기분이 좋았다.

한국으로 돌아와 원래 피부색으로 돌아오는 데 몇 년이 걸렸지만 내 인생 처음이자 마지막 태닝의 기억은 매우 행복했다.

Estos días, me levanto a las cinco de la mañana.
에스또쓰 디아쓰 메 레반또 알 라쓰 씬꼬 델 라 마냐나.

Porque me gusta la tranquilidad de la madrugada.
뽀르께 메 구스따 라 뜨란낄리다드 델 라 마드루가다.

요즘 나는 새벽 5시에 일어난다.

새벽의 평온함이 좋다.

이번 단원에서는 '시간과 숫자'에 관한 것을 배웁니다.
- Levantarse, Dormir, Empezar, Terminar의 동사활용
- Estos días, Intentar를 활용한 표현

Vocabulario
보까불라리오

de la mañana 델 라 마냐나	오전	**en punto** 엔 뿐또	정각
de la tarde 델 라 따르데	오후	**y media** 이 메디아	30분, 반 =30 minutos 뜨레인따 미누또쓰
de la noche 델 라 노체	저녁	**fácil** 빠씰	쉬운
por la mañana 뽀르 라 마냐나	오전에	**difícil** 디삐씰	어려운
por la tarde 뽀르 라 따르데	오후에	**la Nochebuena** 라 노체부에나	크리스마스 이브
por la noche 뽀르 라 노체	저녁에	**la Navidad** 라 나비다드	크리스마스
estos días 에스또쓰 디아쓰	요즘, 최근에	**despertarse** 데스뻬르따르쎄	잠에서 깨다
últimamente 울띠마멘떼	최근에	**levantarse** 레반따르쎄	(자리/침대에서) 일어나다
y cuarto 이 꽈르또	15분 =15 minutos 낀쎄 미누또쓰	**acostarse** 아꼬스따르쎄	(침대에)눕다, 잠자리에들다
menos cuarto 메노쓰 꽈르또	45분 =45 minutos 꽈렌따이씬꼬 미누또쓰	**dormir** 도르미르	자다, 잠자다

Pronunciación & Interpretación
쁘로눈씨아씨온   인떼르쁘레따씨온

Estos días,
에스또쓰 디아쓰
　　요즘

Estos días,　　　　　me levanto
에스또쓰 디아쓰　　　　　메　　레반또
　　요즘　　　(자리/침대에서) 내가 일어나다

me　levanto　a las cinco
메　　레반또　　알 라쓰　씬꼬
내가　일어나다　　5시에

a las cinco　de　la mañana.
알 라쓰　씬꼬　　델　라　마냐나
　　5시에　　　~의　　아침, 오전

Porque
쁘로께
~때문에

Porque　me　gusta
쁘로께　　메　　구스따
~ 때문에　내가　좋아하다

me　gusta　la tranquilidad
메　　구스따　라　뜨란낄리다드
내가　좋아하다　평온, 안정, 고요함

la tranquilidad　de　la madrugada.
라　뜨란낄리다드　　델　라　　마드루가다
　　고요함　　　~의　　　새벽

205

Conjugación
꼰후가씨온

LEVANTARSE (자리에서) 일어나다 /
레반따르쎄   (환자나 침대에 누워 있는 사람이) 일어나다

Yo 나	Me levanto 메 레반또	Nosotros 우리들 Nosotras	Nos levantamos 노쓰 레반따모쓰
Tú 너	Te levantas 떼 레반따쓰	Vosotros 너희들 Vosotras	Os levantáis 오쓰 레반따이쓰
Usted 당신 Él 그 Ella 그녀	Se levanta 쎄 레반따	Ustedes 당신들 Ellos 그들 Ellas 그녀들	Se levantan 쎄 레반딴

DORMIR 자다, 잠자다
도르미르

Yo 나	Duermo 두에르모	Nosotros 우리들 Nosotras	Dormimos 도르미모쓰
Tú 너	Duermes 두에르메쓰	Vosotros 너희들 Vosotras	Dormís 도르미쓰
Usted 당신 Él 그 Ella 그녀	Duerme 두에르메	Ustedes 당신들 Ellos 그들 Ellas 그녀들	Duermen 두에르멘

* 참조 : Nosotros / Ellos = 남자들만 있거나 남녀혼합일 경우 사용.

EMPEZAR (무엇을) 시작하다 /
엠뻬싸르   (영화, 회의, 겨울 등이) 시작되다, 숙고하다

Yo 나	Empiezo 엠삐에쏘	Nosotros 우리들 Nosotras	Empezamos 엠뻬싸모쓰
Tú 너	Empiezas 엠삐에싸쓰	Vosotros 너희들 Vosotras	Empezáis 엠뻬싸이쓰
Usted 당신 Él 그 Ella 그녀	Empieza 엠삐에싸	Ustedes 당신들 Ellos 그들 Ellas 그녀들	Empiezan 엠삐에싼

TERMINAR 끝내다, 종결시키다 / 끝나다, 종결되다
떼르미나르

Yo 나	Termino 떼르미노	Nosotros 우리들 Nosotras	Terminamos 떼르미나모쓰
Tú 너	Terminas 떼르미나쓰	Vosotros 너희들 Vosotras	Termináis 떼르미나이쓰
Usted 당신 Él 그 Ella 그녀	Termina 떼르미나	Ustedes 당신들 Ellos 그들 Ellas 그녀들	Terminan 떼르미난

Expresión
엑쓰쁘레씨온

ESTOS DÍAS : 요즘
에스또쓰 디아쓰

— ¿Cómo estás estos días?

꼬모 　에스따쓰 에스또쓰 디아쓰

요즘 잘 지내?

— Estos días, estoy muy ocupado.

에스또쓰 디아쓰 에스또이 무이 　오꾸빠도

나는 요즘 매우 바쁘다.

— Estos días, hace mucho frío por la noche.

에스또쓰 디아쓰 　아쎄 　무초 　쁘리오 뽀르 라 　노체

요즘 저녁에 매우 춥다.

— Estos días, mucha genta va al extranjero en las vacaciones.

에스또쓰 디아쓰 　무차 　헨떼 바 알 엑쓰뜨랑헤로 엔 라쓰 　바까씨오네쓰

요즘 많은 사람들이 휴가 때 해외에 간다.

INTENTAR (+동사원형) : (~할) 작정이다, (~하려고) 생각하다
인뗀따르

— Intento viajar a Mallorca en primavera.

인뗀또　비아하르 아　마요르까　엔　쁘리마베라

나는 봄에 마요르카에 여행 갈 생각이다.

— Ella intenta terminar pronto el trabajo.

에야　인뗀따　떼르미나르　쁘론또　엘　뜨라바호

그녀는 일을 일찍 끝내려 한다.

— Lo intento.

로　인뗀또

내가 그거 시도해 볼게.

— ¡Vamos a intentarlo!

바모쓰　아　인뗀따를로

우리 그거 시도해보자!

Conversaión
꼰베르싸씨온

1. ¿Qué hora es?
   께 오라 에쓰

   → Son las nueve en punto.
   쏜 라쓰 누에베 엔 뿐또

   몇 시야?

   9시 정각이야.

2. ¿Qué hora es?
   께 오라 에쓰

   → Es la una.
   에쓰 라 우나

   몇 시야?

   1시야.

3. ¿A qué hora te levantas?
   아 께 오라 떼 레반따쓰

   → Me levanto a las seis y media.
   메 레반또 알 라쓰 쎄이스 이 메디아

   너 몇 시에 일어나?

   나 6시 반에 일어나.

4. ¿A qué hora te acuestas?
   아 께 오라 떼 아꾸에스따쓰

   → Me acuesto a las dos de la
   메 아꾸에쓰또 알 라쓰 도쓰 델 라
   mañana.
   마냐나

   너 몇 시에 잠자리에 들어?

   나 새벽 2시에 잠자리에 들어.

5. ¿A qué hora vas a la clase
   아 께 오라 바쓰 알 라 끌라쎄
   de español?
   데 에스빠뇰

   → Voy a las cuatro de la tarde.
   보이 알 라쓰 꽈뜨로 델 라 따르데

   너 몇 시에 스페인어수업 가?

   나 오후 4시에 가.

Escribe tu frase
에스끄리베 뚜 쁘라쎄

당신의 글을 쓰세요.

Un verdadero artista no es el que inspira,
sino el que inspira otros.

진정한 예술가는 영감을 받는 사람이 아니라
다른 이들에게 영감을 주는 사람이다.

Salvador Dalí
살바도르 달리

Números
누메로쓰

0	cero 쎄로	16	dieciséis 디에씨쎄이스	32	treinta y dos 뜨레인따 이 도쓰
1	uno 우노	17	diecisiete 디에씨씨애떼	33	treinta y tres 뜨레인따 이 뜨레쓰
2	dos 도쓰	18	dieciocho 디에씨오초	39	treinta y nueve 뜨레인따 이 누에베
3	tres 뜨레쓰	19	diecinueve 디에씨누에베	40	cuarenta 꽈렌따
4	cuatro 꽈뜨로	20	veinte 베인떼	49	cuarenta y nueve 꽈렌따 이 누에베
5	cinco 씬꼬	21	veintiuno 베인띠우노	50	cincuenta 씬꾸엔따
6	seis 쎄이스	22	veintidós 베인띠도쓰	59	cincuenta y nueve 씬꾸엔따 이 누에베
7	siete 씨에떼	23	veintitrés 베인띠뜨레쓰	60	sesenta 쎄센따
8	ocho 오초	24	veinticuatro 베인띠꽈뜨로	69	sesenta y nueve 쎄센따 이 누에베
9	nueve 누에베	25	veinticinco 베인띠씬꼬	70	setenta 쎄뗀따
10	diez 디에쓰	26	veintiséis 베인띠쎄이스	79	setenta y nueve 쎄뗀따 이 누에베
11	once 온쎄	27	veintisiete 베인띠씨에떼	80	ochenta 오첸따
12	doce 도쎄	28	veintiocho 베인띠오초	89	ochenta y nueve 오첸따 이 누에베
13	trece 뜨레쎄	29	veintinueve 베인띠누에베	90	noventa 노벤따
14	catorce 까또르쎄	30	treinta 뜨레인따	99	noventa y nueve 노벤따 이 누에베
15	quince 낀쎄	31	treinta y uno 뜨레인따 이 우노	100	cien 씨엔

Necesito más o menos 600 euros para
네쎄씨또 마쓰 오 메노쓰 쎄이스씨엔또쓰 애우로쓰 빠라

alquilar un piso en Madrid por un mes.
알낄라르 운 삐쏘 엔 마드릳 뽀르 운 메쓰.

Es bastante caro.
에쓰 바쓰딴떼 까로.

마드리드에서 한 달 동안 집을 렌트하려면 대략 600유로가 필요하다.

꽤 비싸다.

> 이번 단원에서는 '시간과 숫자'에 관한 것을 배웁니다.
>
> – Necesitar, Deber, Buscar, Costar의 동사활용
> – Más o menos, Bastante를 활용한 표현

Vocabulario
보까불라리오

▶ **de** 데	(시간, 장소) ~에서부터	▶ **abrir** 아브리르	열다
▶ **a** 아	(시간, 장소) ~까지	▶ **cerrar** 쎄라르	닫다
▶ **desde** 데스데	(시간, 장소) ~부터	▶ **la puntualidad** 라　뿐뚜알리닫	시간엄수
▶ **hasta** 아스따	(시간, 장소) ~까지	▶ **tarde** 따르데	늦게
▶ **la madrugada** 라　마드루가다	새벽	▶ **pronto** 쁘론또	신속한, 신속히, 곧, 일찍
▶ **el horario** 엘　오라리오	시간표	▶ **salir (de)** 쌀리르　데	(~에서) 나가다, 나오다
▶ **estar en buena** 에스따르 엔　부에나 **forma física** 뽀르마　삐씨까	몸매가 좋다	▶ **volver (a)** 볼베르　아	(~로) 돌아오다, 돌아가다
▶***ser sano/a** 쎄르　싸노/싸나	건강하다, 건강에 좋다	▶ **la hora** 라　오라	시간
▶ **hacer dieta** 아쎄르　디에따	다이어트하다	▶ **el minuto** 엘　미누또	분
▶ **estar a dieta** 에스따르 아 디에따	다이어트하다	▶ **el segundo** 엘　쎄군도	초

* 주어의 성별에 따라 -o/-a(남성형/여성형) 구별하여 사용.

Pronunciación & Interpretación
쁘로눈씨아씨온　　　　　　인떼르쁘레따씨온

Necesito
네쎄씨또
내가 필요로 하다

Necesito　　　　más o menos
네쎄씨또　　　　마쓰　오　메노쓰
내가 필요로 하다　　　대략, 약

más o menos　　600　　euros
마쓰　오　메노쓰　　쎄이쓰씨엔또쓰　에우로쓰
　　대략　　　　　600　　　유로

para　　　　alquilar　　un piso
빠라　　　　알낄라르　　운　삐쏘
~을 위하여　빌리다, 임차하다　아파트, 맨션

alquilar　un piso　en　Madrid.
알낄라르　운　삐쏘　엔　마드릴
빌리다　　아파트　~에　마드리드

Es　　bastante
에쓰　　바쓰딴떼
~이다　꽤, 상당히

Es　　bastante　caro.
에쓰　　바쓰딴떼　까로
~이다　　꽤　　　비싼

Conjugación
꼰후가씨온

NECESITAR 필요로 하다 / (+동사원형) ~할 필요가 있다
네쎄씨따르

Yo 나	Necesito 네쎄씨또	Nosotros 우리들 Nosotras	Necesitamos 네쎄씨따모쓰
Tú 너	Necesitas 네쎄씨따쓰	Vosotros 너희들 Vosotras	Necesitáis 네쎄씨따이쓰
Usted 당신 Él 그 Ella 그녀	Necesita 네쎄씨따	Ustedes 당신들 Ellos 그들 Ellas 그녀들	Necesitan 네쎄씨딴

DEBER ~해야 한다, ~하지 않으면 안 된다
데베르

Yo 나	Debo 데보	Nosotros 우리들 Nosotras	Debemos 데베모쓰
Tú 너	Debes 데베쓰	Vosotros 너희들 Vosotras	Debéis 데베이쓰
Usted 당신 Él 그 Ella 그녀	Debe 데베	Ustedes 당신들 Ellos 그들 Ellas 그녀들	Deben 데벤

* 참조 : Nosotros / Ellos = 남자들만 있거나 남녀혼합일 경우 사용.

BUSCAR 찾다, 수색하다 / 구하다
부쓰까르

Yo 나	Busco 부쓰꼬	Nosotros 우리들 Nosotras	Buscamos 부스까모쓰
Tú 너	Buscas 부스까쓰	Vosotros 너희들 Vosotras	Buscáis 부스까이쓰
Usted 당신 Él 그 Ella 그녀	Busca 부스까	Ustedes 당신들 Ellos 그들 Ellas 그녀들	Buscan 부스깐

COSTAR 비용이 들다, 값[비용]이 ~이다
꼬스따르

Yo 나	Cuesto 꾸에스또	Nosotros 우리들 Nosotras	Costamos 꼬쓰따모쓰
Tú 너	Cuestas 꾸에쓰따쓰	Vosotros 너희들 Vosotras	Costáis 꼬쓰따이쓰
Usted 당신 Él 그 Ella 그녀	Cuesta 꾸에쓰따	Ustedes 당신들 Ellos 그들 Ellas 그녀들	Cuestan 꾸에쓰딴

Expresión
엑쓰쁘레씨온

MÁS O MENOS : 대략, 약, 대체로
마쓰 오   메노쓰

— Estoy más o menos bien.

에스또이 마쓰 오 메노쓰 비엔

나는 기분이(상태가) 대체로 좋다.

— Llego a la cafetería a las dos más o menos.

예고 알 라 까뻬떼리아 알 라쓰 도쓰 마쓰 오 메노쓰

나는 카페에 대략 2시쯤 도착한다.

— La camisa cuesta más o menos 20 euros.

라 까미싸 꾸에스따 마쓰 오 메노쓰 베인떼 에우로쓰

셔츠는 대략 20유로이다.

— Se tarda más o menos una hora de Madrid a Toledo.

쎄 따르다 마쓰 오 메노쓰 우나 오라 데 마드릳 아 똘레도

마드리드에서 똘레도까지 대략 한 시간이 걸린다.

BASTANTE : 꽤, 상당히, 제법
바스딴떼

— Lorena habla bastante bien el español.

로레나 아블라 바스딴떼 비엔 엘 에스빠뇰

Lorena는 스페인어를 꽤 잘 한다.

— Los pantalones son bastante baratos.

로쓰 빤딸로네쓰 쏜 바스딴떼 바라또쓰

바지가 꽤 싸다.

— Hoy hace bastante calor.

오이 아쎄 바스딴떼 깔로르

오늘은 꽤 덥다.

— La casa es bastante grande.

라 까사 에쓰 바스딴떼 그란데

집이 꽤 크다.

Conversaión
꼰베르싸씨온

1. ¿Cuánto cuesta esto?
   꽌또 꾸에스따 에스또

   →Cuesta 10 euros.
   꾸에스따 디에쓰 에우로쓰

   이거 얼마에요?

   10유로입니다.

2. ¿Cuánto es?
   꽌또 에쓰

   →Son 10,000 wones.
   쏜 디에쓰밀 워네쓰

   얼마에요?

   만 원입니다.

3. ¿A qué hora abre el restaurante?
   아 께 오라 아브레 엘
   레스따우란떼

   →Abre de 10 a 3.
   아브레 데 디에쓰 아 뜨레쓰

   레스토랑 몇 시에 열어?

   10시부터 3시까지 열어.

4. ¿A qué hora abre la tienda?
   아 께 오라 아브레 라 띠엔다

   →Abre desde las 9 hasta las 8.
   아브레 데스데 라쓰 누에베 아스따 라쓰 오초

   가게 몇 시에 열어?

   9시부터 8시까지 열어.

5. ¿A qué hora vas al gimnasio?
   아 께 오라 바쓰 알 힘나씨오

   →Voy de 7 a 8.
   보이 데 씨에떼 아 오초
   Estoy a dieta.
   에스또이 아 디에따

   너 몇 시에 헬스장 가?

   7시부터 8시까지 가.
   나 다이어트 중이야.

Escribe tu frase

에스끄리베 뚜 쁘라쎄

당신의 글을 쓰세요.

¡Viva la vida!

인생이여 만세!

Frida Kalho

프리다 칼로

Números
누메로쓰

101	ciento uno 씨엔또 우노		1,111	mil ciento once 밀 씨엔또 온쎄
110	ciento diez 씨엔또 디에쓰		2,000	dos mil 도쓰 밀
121	ciento veintiuno 씨엔또 베인띠우노		3,000	tres mil 뜨레쓰 밀
130	ciento treinta 씨엔또 뜨레인따		10,000	diez mil 디에쓰 밀
200	doscientos 도쓰씨엔또쓰		20,000	veinte mil 베인떼 밀
290	doscientos noventa 도쓰씨엔또쓰 노벤따		21,000	veintiún mil 베인띠운 밀
300	trescientos 뜨레쓰씨엔또쓰		23,000	veintitrés mil 베인띠뜨레쓰 밀
400	cuatrocientos 꽈뜨로씨엔또쓰		90,000	noventa mil 노벤따 밀
500	quinientos 끼니엔또쓰		10만	cien mil 씨엔 밀
600	seiscientos 쎄이스씨엔또쓰		11만	ciento once 씨엔또 온쎄
700	setecientos 쎄떼씨엔또쓰		20만	doscientos mil 도쓰씨엔또쓰 밀
800	ochocientos 오초씨엔또쓰		100만	un millón 운 미욘
900	novecientos 노베씨엔또쓰		200만	dos millones 도쓰 미요네쓰
1,000	mil 밀		1,000만	diez millones 디에쓰 미요네쓰
1,001	mil uno 밀 우노		1억	cien millones 씨엔 미요네쓰
1,011	mil once 밀 온쎄		1조	un billón 운 비욘

Quiero vivir en una casa luminosa y agradable.
끼에로 비비르 엔 우나 까사 루미노싸 이 아그라다블레.

Como paso mucho tiempo en casa,
꼬모 빠쏘 무초 띠엠뽀 엔 까사,

el ambiente de casa es muy importante para mí.
엘 암비엔떼 데 까사 에쓰 무이 임뽀르딴떼 빠라 미.

나는 햇볕이 잘 드는 쾌적한 집에서 살고 싶다.

나는 집에서 많은 시간을 보내기 때문에 나에게 집의 분위기는 매우 중요하다.

> **이번 단원에서는 '집'에 관한 것을 배웁니다.**
> – Contratar, Llegar, Abrir, Cerrar의 동사활용
> – Pasar tiempo, Importante를 활용한 표현

Vocabulario
보까불라리오

▸ **el piso**   집, 층
엘 삐소

▸ **la casa**   집
라 까사

▸ **el apartamento**   아파트
엘 아빠르따멘또

▸ **el chalé**   주택
엘 찰레

▸ **el estudio**   원룸
엘 에스뚜디오

▸ **el ático**   옥탑방
엘 아띠꼬

▸ **la habitación**   방
라 아비따씨온
= el cuarto
엘 꽈르또

▸ **el baño**   화장실
엘 바뇨

▸ **el salón**   거실
엘 쌀론
= la sala
라 쌀라

▸ **la cocina**   주방
라 꼬씨나

▸ **el garaje**   차고
엘 가라헤

▸ **la terraza**   테라스
라 떼라싸

▸ **el balcón**   발코니
엘 발꼰

▸ **el pasillo**   복도
엘 빠씨요

▸ **el jardín**   정원
엘 하르딘

▸ **la piscina**   수영장
라 삐씨나

▸ **el aire acondicionado**   에어컨
엘 아이레 아꼰디씨오나도

▸ **la calefacción**   히터
라 깔레빡씨온

▸ **la escalera**   계단
라 에스깔레라

▸ **el ascensor**   엘리베이터
엘 아쎈쏘르

Pronunciación & Interpretación
쁘로눈씨아씨온   인떼르쁘레따씨온

Quiero
끼에로
내가 원하다

Quiero   vivir   en
끼에로   비비르   앤
내가 원하다   살다   ~에, ~에서

vivir   en   una casa   luminosa
비비르   엔   우나 까사   루미노싸
살다   ~에   집   (일광으로) 밝은, 빛을 내는

una casa   luminosa   y   agradable.
우나 까사   루미노싸   이   아그라다블레
   집   밝은   그리고   즐거운, 상쾌한

Como
꼬모
~때문에

Como   paso   mucho   tiempo
꼬모   빠쏘   무초   띠엠뽀
~ 때문에   내가 보내다   많은   시간

paso   mucho   tiempo   en   casa,
빠쏘   무초   띠엠뽀   엔   까사
내가 보내다   많은   시간   ~에서   집

el ambiente
엘   암비엔떼
분위기, 공기, 환경

el ambiente   de   casa
엘   암비엔떼   데   까사
  분위기   ~의   집

es   importante
에쓰   임뽀르딴떼
~이다 중요한, 중대한

es   importante   para   mí.
에쓰   임뽀르딴떼   빠라   미
~이다   중요한   ~에게   나

225

Conjugación
꼰후가씨온

CONTRATAR 계약하다, (누구와) 고용 계약을 맺다
꼰뜨라따르

Yo 나	Contrato 꼰뜨라또	Nosotros 우리들 Nosotras	Contratamos 꼰뜨라따모쓰
Tú 너	Contratas 꼰뜨라따쓰	Vosotros 너희들 Vosotras	Contratáis 꼰뜨라따이쓰
Usted 당신 Él 그 Ella 그녀	Contrata 꼰뜨라따	Ustedes 당신들 Ellos 그들 Ellas 그녀들	Contratan 꼰뜨라딴

LLEGAR 도착하다 / (날이나 때가) 오다
예가르

Yo 나	Llego 예고	Nosotros 우리들 Nosotras	Llegamos 예가모쓰
Tú 너	Llegas 예가쓰	Vosotros 너희들 Vosotras	Llegáis 예가이쓰
Usted 당신 Él 그 Ella 그녀	Llega 예가	Ustedes 당신들 Ellos 그들 Ellas 그녀들	Llegan 예간

* 참조 : Nosotros / Ellos = 남자들만 있거나 남녀혼합일 경우 사용.

ABRIR (문이나 창문 등을) 열다 / (접어져 있던 것을) 펴다 / (눈을) 뜨다
아브리르

Yo 나	Abro 아브로	Nosotros 우리들 Nosotras	Abrimos 아브리모쓰
Tú 너	Abres 아브레쓰	Vosotros 너희들 Vosotras	Abrís 아브리쓰
Usted 당신 Él 그 Ella 그녀	Abre 아브레	Ustedes 당신들 Ellos 그들 Ellas 그녀들	Abren 아브렌

CERRAR 닫다, 덮다, 잠그다 / (눈까풀, 입술을) 모으다, 감다
쎄라르

Yo 나	Cierro 씨에로	Nosotros 우리들 Nosotras	Cerramos 쎄라모쓰
Tú 너	Cierras 씨에라쓰	Vosotros 너희들 Vosotras	Cerráis 쎄라이쓰
Usted 당신 Él 그 Ella 그녀	Cierra 씨에라	Ustedes 당신들 Ellos 그들 Ellas 그녀들	Cierran 씨에란

Expresión
엑쓰쁘레씨온

PASAR TIEMPO : 시간을 보내다
빠싸르 · · · · · · 띠엠뽀

— Paso mucho tiempo trabajando.

빠쏘 · · · 무초 · · · 띠엠뽀 · · · 뜨라바한도

나는 일을 하면서 많은 시간을 보낸다.

— Pasamos mucho tiempo en el parque.

빠싸모쓰 · · · 무초 · · · 띠엠뽀 · · · 엔 · 엘 · 빠르께

우리들은 공원에서 많은 시간을 보낸다.

— Él pasa largo tiempo en Panamá.

엘 · 빠싸 · 라르고 · 띠엠뽀 · 엔 · 빠나마

그는 파나마에서 많은 시간을 보낸다.

— Pasan muy buen tiempo juntos.

빠싼 · · · 무이 · · · 부엔 · · · 띠엠뽀 · · · 훈또쓰

그들은 함께 매우 좋은 시간을 보낸다.

IMPORTANTE : 중요한, 중대한
임뽀르딴떼

— Es muy importante.

에쓰 무이   임뽀르딴떼

이것은 매우 중요하다.

— Es una cosa muy importante.

에쓰 우나   꼬사   무이   임뽀르딴떼

이것은 매우 중요한 것이다.

— Es una persona importante.

에쓰 우나   뻬르쏘나   임뽀르딴떼

(당신/그/그녀는) 중요한 사람이다.

— No es un problema tan importante.

노 에쓰 운   뽀로블레마   딴   임뽀르딴떼

이것은 그렇게 중요한 문제가 아니다.

Conversaión
꼰베르싸씨온

1. ¿Cuánto es el alquiler?
꽌또 에쓰 엘 알낄레르

→Son 500 euros por un mes.
쏜 끼니엔또쓰 에우로쓰 뽀르 운 메쓰

임대 얼마에요?

한 달에 500유로에요.

2. ¿Cómo es la casa que quiere?
꼬모 에쓰 라 까사 께 끼에레

→Quiero una casa grande.
끼에로 우나 까사 그란데

어떤 집을 원하세요?

큰 집을 원합니다.

3. ¿Cómo es la casa que busca?
꼬모 에쓰 라 까사 께 부스까

→Busco una casa con jardín.
부스꼬 우나 까사 꼰 하르딘

어떤 집을 찾으세요?

정원이 있는 집을 찾습니다.

4. ¿Cómo es tu casa?
꼬모 에쓰 뚜 까사

→Mi casa es un apartamento.
미 까사 에쓰 운 아빠르따멘또

너희 집 어때?

우리 집은 아파트야.

5. ¿Tu casa tiene piscina?
뚜 까사 띠에네 삐씨나

→Sí, me encanta tener
씨 메 엔깐따 떼네르
piscina en casa.
삐씨나 엔 까사

너희 집에 수영장 있어?

응, 집에 수영장 있는 거 너무 좋아.

Escribe tu frase
에스끄리베 뚜 쁘라쎄

당신의 글을 쓰세요.

Para hacer las cosas bien es necesario;
primero, el amor, segundo, la técnica.

어떤 일을 잘 수행하기 위해서는
첫 번째로 사랑, 두 번째로 기술이 필요하다.

Antoni Gaudí
안토니 가우디

Clase C2
C2반

스페인에 처음 도착했을 때 B1반에서 수업을 시작해서 나는 매달 테스트를 통과해 단기간에 C2반으로 올라갔다. 근데 문제는 유럽인들 밖에 없는 것이었다. B1, B2반일 때는 중국인, 미국인, 유럽인들 다 섞여있어서 정말 이야기하는 주제도 다양하고 시끌벅적 재미있었는데 C2반에 오니 다 유럽인들에 별로 말이 없었다. 나만 동양인.

그중 같이 홈스테이를 하던 Dario라는 스위스 친구가 있었다. 이 친구도 C2반이었는데 저녁 식사 시간마다 너무 진지한 얼굴로 정치 얘기만 해서 이 친구의 특징인 줄로만 알았다. 그런데 우연인지 아니면 정말 유럽인들의 성향인지 그 C2반 애들이 딱 Dario 같았다. 쉬는 시간에 조용히 교재를 읽거나 나한테 한국의 엄청난 기술력, 김정은 이야기 등을 묻곤 했다. 사실 '너희가 나보다 더 잘 아는 것 같아...'라고 말해주고 싶었지만 한국인으로서 자존심에 내가 더 많이 아는 척을 했었다.

또 하나 이상한 점이 있었다. C2반에서는 수업 시간에 주로 다 같이 읽고 해석을 하는데 항상 누가 더 빨리 읽나 시합하듯이 읽는다. 유럽 친구들은 언어가 비슷해서 그런 빨리 읽을 수 있었지만 나는 무슨 죄야. 나도 같은 반이니 그 시합에서 밀릴 수는 없었다. 그래서 나도 해석은 둘째 치고 빨리 읽기 시합에 동참했었다. 지금 생각하면 참 쓸데없는 자존심 싸움이었지만 덕분에 스페인어 술술 읽는 능력은 많이 늘었다.

Cuando alquila un piso en Madrid,

꽌도 알낄라 운 삐쏘 엔 마드릳,

tiene que verificar si tiene wifi.

띠에네 께 베리삐까르 씨 띠에네 위삐.

Si no, va a tener muchos problemas molestos.

씨 노 바 아 떼네르 무초쓰 쁘로블레마쓰 몰레스또쓰.

마드리드에서 집을 렌트할 때는 와이파이가 있는지 확인해야 한다.

그렇지 않으면 귀찮은 문제들을 겪게 된다.

> **이번 단원에서는 '집'에 관한 것을 배웁니다.**
> - Verificar, Molestar, Aprobar, Dejar의 동사활용
> - Problema, Molestar를 활용한 표현

Vocabulario
보까불라리오

‣ la plaza 라 쁠라싸	광장	‣*feo/a 뻬오/뻬아	예쁘지 않은
‣ la calle 라 까예	거리	‣*pequeño/a 뻬께뇨/뻬께냐	작은
‣ la zona de 라 쏘나 데 barbacoa 바르바꼬아	바베큐장	‣ grande 그란데	큰
‣*nuevo/a 누에보/누에바	새 것	‣*amplio/a 암쁠리오/암쁠리아	넓은
‣*viejo/a 비에호/비에하	낡은	‣*estrecho/a 에스뜨레초/에스뜨레차	좁은
‣*moderno/a 모데르노/모데르나	현대적인, 모던한	‣*luminoso/a 루미노쏘/루미노싸	채광이 좋은
‣*antiguo/a 안띠구오/안띠구아	오래된	‣*oscuro/a 오스꾸로/오스꾸라	어두운
‣*tranquilo/a 뜨란낄로/뜨란낄라	조용한, 평온한	‣*estar bien 에스따르 비엔 comunicado/a 꼬무니까도/꼬무니까다	교통이 좋은
‣*ruidoso/a 루이도쏘/루이도싸	시끄러운	‣*barato/a 바라또/바라따	저렴한, 싼
‣*bonito/a 보니또/보니따	예쁜	‣*caro/a 까로/까라	비싼

* 주어의 성별에 따라 –o/–a(남성형/여성형) 구별하여 사용.

Pronunciación & Interpretación
쁘로눈씨아씨온 　　　　　 인떼르쁘레따씨온

Cuando
꽌도
~할 때

Cuando　　　　　　　 alquila　　　　　　　　 un piso
꽌도　　　　　　　　　 알낄라　　　　　　　　　운　삐소
~할 때　 (당신/그/그녀가)빌리다, 임대하다　 집, 아파트, 맨션

un piso　 en　 Madrid,
운　삐소　　엔　　마드릳
집　　~에서　 마드리드

tiene que
띠에네　 께
(당신/그/그녀)~해야 한다

tiene que　　　 verificar
띠에네　 께　　　 베리삐까르
~해야 한다　 확인하다, 검사하다

verificar　　　 si　　　 tiene　　　 wifi.
베리삐까르　　　씨　　　 띠에네　　　위삐
확인하다　 ~인지(아닌지)　 가지고 있다　 와이파이

Si no,
씨　노
그렇지 않으면

Si no,　　　　　　　 va a　　　　　 tener
씨　노　　　　　　　　 바 아　　　　　 떼네르
그렇지 않으면　 (당신/그/그녀)~할 것이다　 가지다

tener　 muchos　 problemas
떼네르　 무초쓰　　 쁘로블레마쓰
가지다　 많은　　 문제, 어려움

problemas　　 molestos.
쁘로블레마쓰　　 몰레스또쓰
문제　　　 귀찮은, 성가신

235

Conjugación
꼰후가씨온

VERIFICAR (무엇의 사실을) 확인하다, 검사하다
베리삐까르

Yo 나	Verifico 베리삐꼬	Nosotros 우리들 Nosotras	Verificamos 베리삐까모쓰
Tú 너	Verificas 베리삐까쓰	Vosotros 너희들 Vosotras	Verificáis 베리삐까이쓰
Usted 당신 Él 그 Ella 그녀	Verifica 베리삐까	Ustedes 당신들 Ellos 그들 Ellas 그녀들	Verifican 베리삐깐

MOLESTAR 귀찮게 하다, 성가시게 하다
몰레스따르

Yo 나	Molesto 몰레스또	Nosotros 우리들 Nosotras	Molestamos 몰레스따모쓰
Tú 너	Molestas 몰레스따쓰	Vosotros 너희들 Vosotras	Molestáis 몰레스따이쓰
Usted 당신 Él 그 Ella 그녀	Molesta 몰레스따	Ustedes 당신들 Ellos 그들 Ellas 그녀들	Molestan 몰레스딴

* 참조 : Nosotros / Ellos = 남자들만 있거나 남녀혼합일 경우 사용.

APROBAR 승인하다, 허가하다 / 동의하다, 승낙하다 / (시험에) 합격하다
아쁘로바르

Yo 나	Aprobo 아쁘로보	Nosotros 우리들 Nosotras	Aprobamos 아쁘로바모쓰
Tú 너	Aprobas 아쁘로바쓰	Vosotros 너희들 Vosotras	Aprobáis 아쁘로바이쓰
Usted 당신 Él 그 Ella 그녀	Aproba 아쁘로바	Ustedes 당신들 Ellos 그들 Ellas 그녀들	Aproban 아쁘로반

DEJAR 놓다, 놓아두다 / 남기다, 남겨두다
데하르

Yo 나	Dejo 데호	Nosotros 우리들 Nosotras	Dejamos 데하모쓰
Tú 너	Dejas 데하쓰	Vosotros 너희들 Vosotras	Dejáis 데하이쓰
Usted 당신 Él 그 Ella 그녀	Deja 데하	Ustedes 당신들 Ellos 그들 Ellas 그녀들	Dejan 데한

Expresión
엑쓰쁘레씨온

PROBLEMA : 문제, 어려움
쁘로블레마

— Es un problema.

에쓰 운 쁘로블레마

이건 문제다.

— Tengo un problema.

뗑고 운 쁘로블레마

나는 문제가 있다.

— Tiene un problema grave.

띠에네 운 쁘로블레마 그라베

(당신/그/그녀는) 중대한 문제가 있다.

— Este problema es fácil de resolver.

에스떼 쁘로블레마 에쓰 빠씰 데 레쏠베르

이 문제는 해결하기 쉽다.

MOLESTAR : 귀찮게 하다, 성가시게 하다
몰레스따르

― Me molesta.

메 몰레스따

나는 귀찮다, 성가시다.

― Me molestas.

메 몰레스따쓰

너는 나를 성가시게 한다.

― Me molesta mucho el ruido.

메 몰레스따 무초 엘 루이도

소음이 나를 성가시게 한다.

― Nos molesta la situación.

노쓰 몰레스따 라 씨뚜아씨온

상황이 우리를 성가시게 한다.

Conversaión
꼰베르싸씨온

1. **¿Tiene wifi?**
띠에네 위삐

와이파이 되요?

→**Sí, es la contraseña.**
씨 에쓰 라 꼰뜨라쎄냐

네, 이게 비밀번호에요.

2. **¿Cómo es tu casa?**
꼬모 에쓰 뚜 까샤

너희 집 어때?

→**Es pequeña, pero es muy bonita.**
에쓰 뻬께냐 뻬로 에쓰 무이 보니따

작지만 매우 예뻐.

3. **¿Cómo es la casa de tus padres?**
꼬모 에쓰 라 까샤 데 뚜쓰 빠드레쓰

너희 부모님 댁 어때?

→**Es tranquila y está bien comunicada.**
에쓰 뜨란낄라 이 에스따 비엔 꼬무니까다

평온하고 교통이 좋아.

4. **¿Su casa tiene la zona de barbacoa?**
쑤 까샤 띠에네 라 쏘나 데 바르바꼬아

그/그녀의 집에 바비큐장이 있나요?

→**Sí, vamos a cenar en su casa esta noche.**
씨 바모쓰 아 쎄나르 엔 쑤 까샤 에스따 노체

네, 오늘 밤 우리는 그/그녀의 집에서 저녁식사를 할 거에요.

5. **¿Dónde está la casa de Victor?**
돈데 에스따 라 까샤 데 빅또르

Victor의 집은 어디에 있나요?

→**Está cerca de la plaza España.**
에스따 쎄르까 델 라 쁠라싸 에스빠냐

스페인광장에서 가까워요.

240

Escribe tu frase
에스끄리베 뚜 쁘라쎄

당신의 글을 쓰세요.

Pintar es otra manera de llevar un diario.

그림은 일기를 쓰는 또 다른 방법일 뿐이다.

Pablo Picasso
파블로 피카소

Vivir sola en España

스페인에서 혼자 살기

나는 스페인에서 제대로 홀로서기를 경험하고 자유를 만끽하고 싶어 혼자 살아보기로 다짐했다. 그렇게 나는 단기 임대가 가능한 집들을 알아보기 시작했고 다짜고짜 집주인들에게 연락해서 둘러본 집만 해도 셀 수 없이 많았다. 집에 관련된 새로운 단어는 사전 찾아가며 공부했고 사전에 명확히 명시되어 있지 않았던 단어들은 직접 집을 둘러보며 무슨 뜻인지 알아갔다.

예를 들어 'todo equipado'는 주방용품들이 모두 구비되어 있다는 것을 의미하고, 'todo amueblado'는 모든 가구가 배치되어 있다는 것을 의미한다. 나 같은 유학생들에게 주방용품이 없어서 구매를 해야 하거나 침대가 없거나 하는 상황이 오면 매우 난처하다.

그리고 내가 발품을 팔며 깨달은 꿀팁인데 'wifi incluido;와이파이 포함'과 'todos los gastos incluidos;모든 세금 포함'을 꼭 체크해야 한다! 만약 와이파이와 모든 세금이 포함되지 않은 곳을 계약하게 되면 스스로 사람을 불러 와이파이를 설치해야 하고(이 과정에는 주인과 매우 자주 연락을 주고받아야 하는 불편한 상황이 생길 것이다.) 세금을 따로 알아서 처리해야 하는 굉장한 어려움을 겪게 될 것이다. 무엇보다 비싼 월세에 세금 불포함은 너무 억울할 것이다.

아무튼 나름 까다로운 조건이었지만 두 달 넘게 열심히 알아본 후 계약한 화이트풍의 집은 대만족이었다!

Hoy también me apetece comer llaollao.

오이 땀비엔 메 아뻬떼쎄 꼬메르 야오야오.

Para ir a la tienda, debo ir a la Puerta del

빠라 이르 알 라 띠엔다 데보 이르 알 라 뿌에르따 델

Sol y cruzar la calle. Y está a la derecha.

쏠 이 끄루싸르 라 까예 이 에스따 알 라 데레차.

Llaollao es mi helado favorito.

야오야오 에쓰 미 엘라도 빠보리또.

오늘도 야오야오가 먹고 싶다.

매장에 가려면 푸에르타 델 솔에서 길 건너 오른쪽으로 가야 한다.

야오야오는 내가 제일 좋아하는 아이스크림이다.

> **이번 단원에서는 '길 찾기'에 관한 것을 배웁니다.**
>
> – Apetecer, Parecer, Preferir, Tardar의 동사활용
> – Apetecer, Preferir를 활용한 표현

Vocabulario
보까불라리오

▸ **la embajada** 라　엠바하다	대사관	▸ **tomar** 또마르	(탈 것을) 타다, (거리, 길을) 향하다
▸ **el centro cultural** 엘　쎈뜨로　꿀뚜랄	문화원	▸ **coger** 꼬헤르	(탈 것에) 오르다, (거리, 길을) 향하다
▸ **perdón** 뻬르돈	죄송합니다, 실례합니다	▸ **la calle** 라　까예	길, 거리
▸ **perdona** 뻬르도나 (2인칭 명령법)	죄송합니다, 실례합니다	▸ **la cuadra** 라　꽈드라	블록 = la manzana 　　라　만싸나
▸ **perdone** 뻬르도네 (3인칭 명령법)	죄송합니다, 실례합니다	▸ **el túnel** 엘　뚜넬	터널
▸ **oye** 오예	저기, 야	▸ **el paso** 엘　빠쏘 **subterráneo** 숩떼라네오	지하도
▸ **oiga** 오이가	저기요, 여보세요	▸ **el fuente** 엘　뿌엔떼	분수
▸ **girar** 히라르	방향을 바꾸다, 꺽어지다	▸ **el puente** 엘　뿌엔떼	다리
▸ **cruzar** 끄루싸르	횡단하다, 건너다	▸ **la glorieta** 라　글로리에따	로터리
▸ **seguir** 쎄기르	계속하다	▸ **la esquina** 라　에스끼나	코너

Pronunciación & Interpretación
쁘로눈씨아씨온   인떼르쁘레따씨온

Hoy   también
오이   땀비엔
오늘, 현재   ~도, 역시, 또한

Hoy también   me   apetece
오이   땀비엔   메   아뻬떼쎄
        오늘도   내가   원하다, 당기다

me   apetece   comer   llaollao.
메   아뻬떼쎄   꼬메르   야오야오
내가   원하다   먹다   야오야오

Para   ir   a   la tienda,
빠라   이르   알   라   띠엔다
~을 위해서   가다   ~로   가게, 매장

Para   ir   a   la tienda,   debo   ir
빠라   이르   알   라   띠엔다   데보   이르
~을 위해서   가다   ~로   매장   내가 ~해야한다   가다

ir   a   la Puerta del Sol   y
이르   알   라 뿌에르따 델 쏠   이
가다   ~로   푸에르타 델 쏠   그리고

cruzar   la calle   Y
끄루쌰르   라 까예   이
건너다   길, 거리   그리고

Y   está   a la derecha.
이   에스따   알 라   데레차
그리고   (장소에) 있다   오른쪽에

Llaollao   es   mi   helado   favorito.
야오야오   에쓰   미   엘라도   빠보리또
야오야오   ~이다   나의   아이스크림   아주 좋아하는

Conjugación
꼰후가씨온

APETECER 원하다, 당기다, 탐내다
아뻬떼쎄르

Yo 나	Apetezco 아뻬떼쓰꼬	Nosotros 우리들 Nosotras	Apetecemos 아뻬떼쎄모쓰
Tú 너	Apeteces 아뻬떼쎄쓰	Vosotros 너희들 Vosotras	Apetecéis 아뻬떼쎄이쓰
Usted 당신 Él 그 Ella 그녀	Apetece 아뻬떼쎄	Ustedes 당신들 Ellos 그들 Ellas 그녀들	Apetecen 아뻬떼쎈

PARECER (물건이) 나타나다, 보이다
빠레쎄르

Yo 나	Parezco 빠레쓰꼬	Nosotros 우리들 Nosotras	Parecemos 빠레쎄모쓰
Tú 너	Pareces 빠레쎄쓰	Vosotros 너희들 Vosotras	Parecéis 빠레쎄이쓰
Usted 당신 Él 그 Ella 그녀	Parece 빠레쎄	Ustedes 당신들 Ellos 그들 Ellas 그녀들	Parecen 빠레쎈

* 참조 : Nosotros / Ellos = 남자들만 있거나 남녀혼합일 경우 사용.

PREFERIR (+a) (~보다) 오히려 ~의 쪽을 더 좋아하다,
쁘레뻬리르 　아　 오히려 ~을 택하다

Yo 나	Prefieo 쁘레삐에로	Nosotros 우리들 Nosotras	Preferimos 쁘레뻬리모쓰
Tú 너	Prefieres 쁘레삐에레쓰	Vosotros 너희들 Vosotras	Preferís 쁘레뻬리쓰
Usted 당신 Él 그 Ella 그녀	Prefiere 쁘레삐에레	Ustedes 당신들 Ellos 그들 Ellas 그녀들	Prefieren 쁘레삐에렌

TARDAR 늦어지다
따르다르　(+시간+en+동사원형) ~하는데 시간이 걸리다

Yo 나	Tardo 따르도	Nosotros 우리들 Nosotras	Tardamos 따르다모쓰
Tú 너	Tardas 따르다쓰	Vosotros 너희들 Vosotras	Tardáis 따르다이쓰
Usted 당신 Él 그 Ella 그녀	Tarda 따르다	Ustedes 당신들 Ellos 그들 Ellas 그녀들	Tardan 따르단

Expresión
엑쓰쁘레씨온

APETECER : 원하다, 당기다, 탐내다
아뻬떼쎄르

— Me apetece tomar chocolate caliente.

　메　　아뻬떼쎄　　또마르　　초꼴라떼　　깔리엔떼

나는 핫초코가 먹고 싶다.

— No me apetece hacerlo.

　노　메　　아뻬떼쎄　　아쎄를로

나는 그것을 하고 싶지 않다.

— ¿Te apetece salir esta noche?

　떼　　아뻬떼쎄　쌀리르 에스따　　노체

너 오늘 밤에 나가고 싶어?(=오늘 밤에 나가는 거 어때?)

— ¿Qué te apetece comer?

　께　떼　　아뻬떼쎄　　꼬메르

너 뭐 먹고 싶어?

PREFERIR (+a) : (~보다) 오히려 ~의 쪽을 더 좋아하다, 오히려 ~을 택하다
쁘레뻬리르　　　　아

— Prefiero café al té.

　　쁘레삐에로　까뻬　알　떼

나는 차보다 커피를 더 좋아한다.(=선호하다)

— Prefiero partir a Madrid el jueves al viernes.

　　쁘레삐에로　빠르띠르 아　마드릳　엘　후에베쓰　알　비에르네쓰

나는 금요일보다 목요일에 마드리드로 떠나는 것이 좋다.

— ¿Prefieres pasear o quedarte en casa?

　　쁘레삐에레쓰　빠쎄아르　오　께다르떼　엔　까사

너 산책가고 싶어 아니면 집에 있고 싶어?

— Preferimos hablar en persona.

　　쁘레뻬리모쓰　아블라르　엔　뻬르쏘나

우리는 직접 이야기하는 것을 선호합니다.

Conversaión
꼰베르싸씨온

1. ¿Dónde está el supermercado? →Está al final de la calle.
   돈데 에스따 엘 쑤뻬르메르까도   에스따 알 삐날 델 라 까예

   수퍼마켓 어디에 있나요?   길 끝에 있어요.

2. ¿Hay un banco por aquí?   →Lo siento, no conozco bien
   아이 운 방꼬 뽀르 아끼   로 씨엔또 노 꼬노쓰꼬 비엔
                                este barrio.
                                에스떼 바리오
   이 근처에 은행 있나요?   죄송합니다, 이 지역을 잘 몰라요.

3. Perdone, ¿sabe dónde está →Sí, cruce la calle y es el
   빼르도네 싸베 돈데 에스따   씨 끄루쎄 라 까예 이 에쓰 엘
   el museo Prado?   museo Prado.
   엘 무쎄오 쁘라도   무쎄오 쁘라도
   실례합니다, 프라도미술관이 어디   네, 길 건너면 있는 게
   있는지 아세요?   프라도미술관이에요.

4. Oiga, perdone.   →Sí, la primera a la izquierda.
   오이가 빼르도네   씨 라 쁘리메라 알 라 이쓰끼에르다
   ¿hay un hospital cerca de aquí?
   아이 운 오스삐딸 쎄르까 데 아끼
   저기요, 실례합니다.   네, 첫 번째 길에서 왼쪽으로 가세요.
   가까운 곳에 병원 있나요?

5. ¿Dónde está la casa de   →Está al lado del fuente.
   돈데 에스따 라 까사 데   에스따 알 라도 델 뿌엔떼
   Picasso?
   삐까쏘
   Picasso집은 어디에 있나요?   분수 옆에 있어요.

Escribe tu frase
에스끄리베 뚜 쁘라쎄

당신의 글을 쓰세요.

No sirve de mucho la riqueza en los bolsillos
cuando hay pobreza en el corazón.

마음이 가난하다면 주머니 속 부는 아무 소용이 없습니다.

Papa Francisco
프란치스코 교황

Ir andando hasta don Quijote y la persona sin hogar
돈키호테까지 걸어가기와 노숙인

돈키호테는 스페인에서 내가 공부하던 어학원이다. 우리 집에서 돈키호테까지 대중교통으로 20~30분 정도가 소요됐었다. 한국에 가기 한 달 전부터 나는 더 건강하고 예쁜 모습으로 한국으로 돌아가고 싶은 마음에 걷기를 선택했다. 집에서 학원까지는 걸어서 대략 한 시간 거리였다. 왕복 두 시간, 훌륭한 유산소운동이었다. 또 멋진 프라도 미술관을 거쳐서 집으로 돌아오는 코스는 완벽했다. 마드리드의 아름다운 풍경을 온전히 눈으로 담을 수 있었기 때문이다.

소매치기와 집시들이 많은 마드리드 거리에서 오랜 시간 걸으면서 마냥 평화롭기만 하지는 않았다. 한 번은 친한 언니와 함께 길을 걷는데 'Callao;까야오' 거리에서 장님인 척을 하는 노숙자가 우리 발 쪽으로 고의적으로 침을 뱉어서 경찰을 불렀다. 그런데 웬걸. 경찰이 노숙자 편을 들었다. 나는 화가 나서 당신이랑 말하기 싫고, 경찰서에 가자고 했다. 그러자 그 경찰이 교육 잘 받고 돈 많은 너희가 이해해 달라고 했다. 어이가 없었다. 아무튼 일을 크게 만들고 싶지 않았던 우리는 결국 그 자리에서 사과를 받긴 받았지만 엎드려 사과받기여서 기분이 매우 나빴다. 그리고 1년 뒤, 동생과 함께 마드리드로 돌아갔을 때, 나는 시원하게 복수했다! 아직도 그 노숙자가 Callao 거리에서 장님인 척을 하고 있는 걸 보고 큰 소리로 "¡Tú no eres ciego!(너 장님 아니잖아!)"라고 외쳐줬다.

Estos días, no tomo metro.
에스또쓰 디아쓰 노 또모 메뜨로.

Intento andar mucho para perder el peso y ser sana.
인뗀또 안다르 무초 빠라 뻬르데르 엘 뻬쏘 이 쎄르 싸나.

요즘 나는 지하철을 타지 않는다.

살도 빼고 건강해질 겸 많이 걷기위해 노력한다.

> **이번 단원에서는 '길 찾기'에 관한 것을 배웁니다.**
> – Perder, Ganar, Lavar, Ducharse의 동사활용
> – Perder, Ganar를 활용한 표현

Vocabulario
보까불라리오

▸ a la izquierda 알 라 이쓰끼에르다	왼쪽으로	▸ la zona 라 쏘나	지역, 구역
▸ a la derecha 알 라 데레차	오른쪽으로	▸ el lugar 엘 루가르	곳, 장소
▸ todo recto 또도 렉또	직진	▸ el edificio 엘 에디삐씨오	건물
▸ directo 디렉또	직진	▸ la primera 라 쁘리메라	처음의, 첫째의
▸ por aquí 뽀르 아끼	이 근처에	▸ la segunda 라 쎄군다	두 번째의, 둘째의
▸ aquí 아끼	여기	▸ la tercera 라 떼르쎄라	세 번째의, 셋째의
▸ aquí mismo 아끼 미스모	바로 여기	▸ la cuarta 라 꽈르따	네 번째의, 넷째의
▸ allí 아이	거기	▸ al final de 알 삐날 데	~의 끝에
▸ el barrio 엘 바리오	지역, 동네	▸ estar lejos 에스따르 레호쓰	멀다
▸ el sitio 엘 씨띠오	장소, 공간, 지역	▸ estar cerca 에스따르 쎄르까	가깝다

Pronunciación & Interpretación
쁘로눈씨아씨온 인떼르쁘레따씨온

Estos días,
에스또쓰 디아쓰
요즘

Estos días, no tomo metro.
에스또쓰 디아쓰 노 또모 메뜨로
요즘 타지 않는다 지하철

Intento
인뗀또
(~할) 작정이다, (~하려고) 생각하다

Intento andar mucho
인뗀또 안다르 무초
(~하려고) 생각하다 걷다 많이

andar mucho para perder el peso
안다르 무초 빠라 뻬르데르 엘 뻬쏘
걷다 많이 ~을 위해서 잃다, 감소되다 무게, 체중

perder el peso y ser sana.
뻬르데르 엘 뻬쏘 이 쎄르 싸나
감소하다 체중 그리고 ~이 되다 건강한, 튼튼한

255

Conjugación
꼰후가씨온

PERDER 잃다 / (기회를) 놓치다 / (시간이나 노력 등을)
빼르데르 쓸모없게 만들다 / 감소되다

Yo 나	Pierdo 삐에르도	Nosotros 우리들 Nosotras	Perdemos 뻬르데모쓰
Tú 너	Pierdes 삐에르데쓰	Vosotros 너희들 Vosotras	Perdéis 뻬르데이쓰
Usted 당신 Él 그 Ella 그녀	Pierde 삐에르데	Ustedes 당신들 Ellos 그들 Ellas 그녀들	Pierden 삐에르덴

GANAR (돈을) 벌다 / 얻다 / 취득하다 / (무엇에) 도달하다 /
가나르 (명성 등을) 얻다

Yo 나	Gano 가노	Nosotros 우리들 Nosotras	Ganamos 가나모쓰
Tú 너	Ganas 가나쓰	Vosotros 너희들 Vosotras	Ganáis 가나이쓰
Usted 당신 Él 그 Ella 그녀	Gana 가나	Ustedes 당신들 Ellos 그들 Ellas 그녀들	Ganan 가난

* 참조 : Nosotros / Ellos = 남자들만 있거나 남녀혼합일 경우 사용.

LAVAR (물이나 액체로) 씻다, 세탁하다
라바르

Yo 나	Lavo 라보	Nosotros 우리들 Nosotras	Lavamos 라바모쓰
Tú 너	Lavas 라바쓰	Vosotros 너희들 Vosotras	Laváis 라바이쓰
Usted 당신 Él 그 Ella 그녀	Lava 라바	Ustedes 당신들 Ellos 그들 Ellas 그녀들	Lavan 라반

DUCHARSE 샤워하다
두차르쎄

Yo 나	Me ducho 메 두초	Nosotros 우리들 Nosotras	Nos duchamos 노쓰 두차모쓰
Tú 너	Te duchas 떼 두차쓰	Vosotros 너희들 Vosotras	Os ducháis 오쓰 두차이쓰
Usted 당신 Él 그 Ella 그녀	Se ducha 쎄 두차	Ustedes 당신들 Ellos 그들 Ellas 그녀들	Se duchan 쎄 두찬

Expresión
엑쓰쁘레씨온

PERDER : 잃다 / (기회를) 놓치다 / (시간이나 노력 등을) 쓸모없게 만들다 / 감소되다
빼르데르

— Quiero perder el peso.

끼에로   빼르데르 엘   뻬쏘

나는 살을 빼고 싶다.

— No quiero perder el tiempo.

노   끼에로   빼르데르 엘   띠엠뽀

나는 시간 낭비를 하고 싶지 않다.

— Él pierde sus gafas muy a menudo.

엘 삐에르데 쑤쓰 가빠쓰 무이 아   메누도

그는 매우 자주 그의 안경을 잃어버린다.

— No vamos a perder la esperanza.

노   바모쓰 아 빼르데르 라   에스뻬란싸

우리는 희망을 잃지 않을 것이다.

GANAR : (돈을) 벌다 / 얻다 / 취득하다 /
가나르   (무엇에) 도달하다 / (명성 등을) 얻다

— Voy a ganar mucho dinero.

보이 아   가나르   무초   디네로

나는 돈을 많이 벌 것이다.

— Creo que el equipo coreano va a ganar el partido.

끄레오   께   엘   에끼뽀   꼬레아노   바   아   가나르   엘   빠르띠도

나는 한국 팀이 경기를 이길 것이라고 생각한다.

— Ella gana la confianza de la gente.

에야   가나   라   꼰삐안싸   델 라   헨떼

그녀는 사람들의 신임을 받는다.

— Si lo terminamos pronto, vamos a ganar el tiempo.

씨 로   떼르미나모쓰   쁘론또   바모쓰   아   가나르   엘   띠엠뽀

만약에 우리가 이것을 빨리 끝내면 우리는 시간을 벌 것이다.

Conversaión
꼰베르싸씨온

1. ¿Dónde está el
돈데 에스따 엘
Palacio Real de Madrid?
빨라씨오 레알 데 마드릳
마드리드 레알 궁전 어디에 있나요?

→Sigue todo recto y está a
씨게 또도 렉또 이 에스따 알
la derecha.
라 데레차
계속 직진하세요. 오른쪽에
있습니다.

2. ¿Hay una biblioteca por aquí?
아이 우나 비블리오떼까 뽀르 아끼
이 근처에 도서관 있나요?

→Aquí mismo.
아끼 미스모
바로 여기에요.

3. Perdone, ¿sabe dónde está la
뻬르도네 싸베 돈데 에스따 라
embajada de la República de Corea?
엠바하다 델 라 레뿌블리까 데 꼬레아
실례합니다, 대한민국 대사관이
어디 있는지 아세요?

→Sí, toma el autobús línea 7.
씨 또마 엘 아우또부쓰 리네아 씨에떼
네, 7번 버스 타세요.

4. Oiga, perdone. ¿hay una
오이가 뻬르도네 아이 우나
tienda de sourvenirs?
띠엔다 데 쑤베니르쓰
저기요, 실례합니다. 기념품가게
있나요?

→Está lejos del hotel.
에스따 레호쓰 델 오뗄
호텔에서 멀어요.

5. ¿Dónde está el ayuntamiento?
돈데 에스따 엘 아윤따미엔또
시청은 어디에 있나요?

→La tercera a la izquierda.
라 떼르쎄라 알 라 이쓰끼에르다
세 번째 길 왼쪽에 있어요.

Escribe tu frase

에스끄리베 뚜 쁘라쎄

당신의 글을 쓰세요.

La vida diaria es una fiesta.

일상은 축제다.

Eva Armisén

에바 알머슨

Toledo
톨레도

스페인에서 가장 인상 깊은 지역을 뽑으라면 의심의 여지없이 톨레도이다. 톨레도는 예전 스페인의 수도였던 만큼 말로 형언할 수 없는 클래식함과 깊이감이 있다. 마치 내가 스페인의 역사 속에 들어온 것만 같은 착각을 불러일으킬 정도였다.

내가 잘하는 것이 하나 있다. 예를 들어서 역사와 관련된 곳에 가면 마치 내가 옛날에 그곳에 살았던 것처럼 상상을 해보는 것이다. 톨레도에서도 마찬가지였다. 그런데 톨레도성당 안에 지하실로 이어지는 계단(물론 막혀있었다.)을 보고는 섬뜩했다. 모든 유럽의 성당들이 다 그랬던 것은 아니지만, 예전에 비열하고 못된 짓을 일삼았던 소수의 성당 스토리를 듣고 난 후라서 였던 것 같다. 왠지 성당 지하실로 가면 아직도 지하 감옥 같은 것이 있을 것만 같아 무서웠다. 성당의 고전적인 아름다움을 먼저 썼어야 했는데 너무 무서운 이야기만 쓴 것 같다. 성당의 분위기는 이렇게 화려한 미사여구로밖에 설명할 수가 없을 것 같다.

가끔 우리 과에서 조그마한 도시로 어학연수를 가는 선배들이 있었는데, 톨레도를 보고 처음으로 이해가 갔다. 서울같이 대도시에서 대학생활을 하다가 이렇게 조그맣고, 마치 유럽의 중세 시대로 돌아온 것만 같은 도시에서 한 번쯤 살아보는 것도 굉장히 뜻깊고 매력 있는 경험이 될 것만 같다. 다음번 스페인에 갈 때 한 번 도전해 볼 생각이다.

Me encanta la comida española

메 엔깐따 라 꼬미다 에스빠뇰라

especialmente jamón con queso y melón,

에스뻬씨알멘떼 하몽 꼰 께쏘 이 멜론.

Los voy a echar de menos en Corea.

로쓰 보이 아 에차르 데 메노쓰 엔 꼬레아.

나는 스페인음식을 매우 좋아한다, 특히 하몽과 치즈, 그리고 멜론!

한국에서 많이 그리울 거야.

> **이번 단원에서는 '음식'에 관한 것을 배웁니다.**
> – Echar, Sacar, Poner, Traer의 동사활용
> – Echar de menos, Especilmente 를 활용한 표현

Vocabulario
보까불라리오

▸ el jamón 하몽
엘 하몬

▸ la sangría 상그리아
라 쌍그리아

▸ el queso 치즈
엘 께소

▸ el zumo 오렌지주스
엘 쑤모
de naranja
데 나랑하

▸ el pan 빵
엘 빤

▸ la fruta 과일
라 쁘루따

▸ la tostada 토스트
라 또스따다

▸ el vaso 컵
엘 바쏘

▸ la leche 우유
라 레체

▸ la taza (손잡이가달린) 잔,
라 따싸 찻잔

▸ el té (마시는) 차
엘 떼

▸ la copa (다리가 달린) 잔,
라 꼬빠 술잔

▸ el café 커피
엘 까뻬

▸ el plato 접시, 요리
엘 쁠라또

▸ la agua 물
라 아구아

▸ la cuchara 숟가락
라 꾸차라

▸ la agua con gas 탄산수
라 아구아 꼰 가쓰

▸ el tenedor 포크
엘 떼네도르

▸ el vino 와인
엘 비노

▸ el cuchillo 칼, 나이프
엘 꾸치요

Pronunciación & Interpretación
쁘로눈씨아씨온   인떼르쁘레따씨온

Me   encanta
메   엔깐따
내가 매우 좋아하다

Me   encanta   la comida   española
메   엔깐따   라   꼬미다   에스빠뇰라
내가 매우 좋아하다   음식   스페인의

especialmente
에스뻬씨알멘떼
특히, 특별히

especialmente   jamón   con   queso   y   melón.
에스뻬씨알멘떼   하몬   꼰   께쏘   이   멜론
특히   하몽   ~와[과]   치즈   그리고   멜론

Los   voy a   echar de menos
로쓰   보이 아   에차르 데 메노쓰
그것들을   내가 ~할 것이다   그리워하다

echar de menos   en   Corea.
에차르 데 메노쓰   엔   꼬레아
그리워하다   ~에서   한국

Conjugación
꼰후가씨온

ECHAR 던지다 / (물건을) 넣다, 부어 넣다 / (누구를 어떤 곳에서) 내쫓다
에차르

Yo 나	Echo 에초	Nosotros 우리들 Nosotras	Echamos 에차모쓰
Tú 너	Echas 에차쓰	Vosotros 너희들 Vosotras	Echáis 에차이쓰
Usted 당신 Él 그 Ella 그녀	Echa 에차	Ustedes 당신들 Ellos 그들 Ellas 그녀들	Echan 에찬

SACAR (안에 있었던 것, 있는 곳에서 사람이나 물건을) 꺼내다 / (물이나 분뇨 등을) 푸다 / 뽑다, 빼다
싸까르

Yo 나	Saco 싸꼬	Nosotros 우리들 Nosotras	Sacamos 싸까모쓰
Tú 너	Sacas 싸까쓰	Vosotros 너희들 Vosotras	Sacáis 싸까이쓰
Usted 당신 Él 그 Ella 그녀	Saca 싸까	Ustedes 당신들 Ellos 그들 Ellas 그녀들	Sacan 싸깐

* 참조 : Nosotros / Ellos = 남자들만 있거나 남녀혼합일 경우 사용.

PONER 놓다, 두다 / 얹다 / (이름 등을) 붙이다 / 넣다 /
뽀네르 입히다 / 준비하다, 마련하다 / 써넣다, 기입하다

Yo 나	Pongo 뽕고	Nosotros 우리들 Nosotras	Ponemos 뽀네모쓰
Tú 너	Pones 뽀네쓰	Vosotros 너희들 Vosotras	Ponéis 뽀네이쓰
Usted 당신 Él 그 Ella 그녀	Pone 뽀네	Ustedes 당신들 Ellos 그들 Ellas 그녀들	Ponen 뽀넨

TRAER (무엇을) 가져오다 / (무엇을) 운반하다
뜨라에르

Yo 나	Traigo 뜨라이고	Nosotros 우리들 Nosotras	Traemos 뜨라에모쓰
Tú 너	Traes 뜨라에쓰	Vosotros 너희들 Vosotras	Traéis 뜨라에이쓰
Usted 당신 Él 그 Ella 그녀	Trae 뜨라에	Ustedes 당신들 Ellos 그들 Ellas 그녀들	Traen 뜨라엔

Expresión
엑쓰쁘레씨온

ECHAR DE MENOS : 그리워하다, 그리다
에차르   데   메노쓰

— Te echo de menos.

떼 에초 데 메노쓰

네가 그립다. (=보고 싶다.)

— Os voy a echar de menos.

오쓰 보이 아 에차르 데 메노쓰

너희가 그리울 거야.

— Echo de menos estar en la playa.

에초 데 메노쓰 에스따르 엔 라 쁠라야

해변에 있던 것이 그립다.

— Noa echa de menos su pueblo natal.

노아 에차 데 메노쓰 쑤 뿌에블로 나딸

Noa는 그녀의 고향을 그리워한다.

ESPECIALMENTE : 특히, 특별히
에스뻬씨알멘떼

— Me gusta especialmente el flamenco.
메 구스따 에스뻬씨알멘떼 엘 쁠라멩꼬

나는 특히 플라멩코를 좋아한다.

— Esto es especialmente para ti.
에스또 에쓰 에스뻬씨알멘떼 빠라 띠

이건 특별히 너를 위한 거야.

— Ella siempre va de vacaciones al extranjero
에야 씨엠쁘레 바 데 바까씨오네쓰 알 엑쓰뜨란헤로
especialmente a los Estados Unidos.
에스뻬씨알멘떼 알 로쓰 에스따도쓰 우니도쓰

그녀는 항상 외국으로 휴가를 간다, 특히 미국으로.

— Vamos a discutir especialmente sobre la mudanza.
바모쓰 아 디스꾸띠르 에스뻬씨알멘떼 쏘브레 라 무단싸

우리 논의하자, 특히 이사에 관해서.

Conversaión
꼰베르싸씨온

1. ¿Cuál es tu comida favorita? →Mi comida favorita es
   꽐 에쓰 뚜 꼬미다 빠보리따　　미 꼬미다 빠보리따 에쓰
   　　　　　　　　　　　　　　　　ensalada con tomate.
   　　　　　　　　　　　　　　　　엔쌀라다 꼰 또마떼

   너 제일 좋아하는 음식이 뭐야?　　내가 제일 좋아하는 음식은 토마
   　　　　　　　　　　　　　　　　토 샐러드야.

2. ¿Cuál es su comida favorita?→Le encanta el pan.
   꽐 에쓰 쑤 꼬미다 빠보리따　　레 엔깐따 엘 빤

   그/그녀가 가장 좋아하는 음식이 뭐에요?　그/그녀는 빵을 매우 좋아합니다.

3. ¿Qué quieres tomar?　　　　　→Quiero un vaso de leche.
   께 끼에레쓰 또마르　　　　　　끼에로 운 바쏘 데 레체

   너 뭐 마시고 싶어?　　　　　　나 우유 한 컵 줘.(=원해.)

4. ¿Qué pide?　　　　　　　　　→Para mí, un desayuno
   께 삐데　　　　　　　　　　　빠라 미 운 데싸유노
   　　　　　　　　　　　　　　　americano.
   　　　　　　　　　　　　　　　아메리까노

   무엇을 주문하시겠어요?　　　　저는 미국식 아침식사 주세요.

5. ¿Qué quieres para la cena? →Quiero comer pollo frito.
   께 끼에레쓰 빠라 라 쎄나　　　끼에로 꼬메르 뽀요 쁘리또

   너 저녁식사로 뭐 먹고 싶어?　나 치킨 먹고 싶어.
   (=뭘 원해?)

Escribe tu frase

에스끄리베 뚜 쁘라쎄

당신의 글을 쓰세요.

Cada mañana cuando me despierto,
experimento de nuevo un placer supremo: el de ser Salvador Dalí.

매일 아침 내가 잠에서 깨어날 때마다, 나는 최고의 즐거움을 경험한다.
내가 살바도르 달리로써 이 세상에 존재할 수 있음에.

Salvador Dalí
살바도르 달리

Soy valiente.

나는 용감하다.

'용감하다'는 표현을 써도 되는 건지 모르겠지만, 내 스스로 용감했다고 생각한 때가 있다. 그건 소매치기나 집시들을 물리쳤을(?) 때도 아닌 스페인에서 DELE 회화 시험을 봤을 때였다. 나의 회화 시험은 얄궂게도 제일 마지막 순서였다. 하나 둘 회화 시험을 치르고 내 차례가 다가오자 시험장이라고 믿기지 않게 건물 안이 너무나 조용했다. 그 고요함은 나를 더 긴장하게 했고, 나는 어떻게 해서든 피곤한 면접관들의 기분과 에너지를 끌어올려 좋은 점수를 받고 싶었다. 평소 사람들에게 먼저 말을 잘 걸지도 않는 내성적인 성격에 가까웠던 나는 연기를 하기로 다짐했다.

'나는 하나도 떨리지 않는다,' '나는 스페인어를 굉장히 잘 한다.' 이렇게.

시험장에 들어가자마자 면접관들에게 먼저 인사를 건네며 한 마디를 더 덧붙였다.

"¿Están cansados?"(피곤하세요?)

지금 생각해도 어디서 저런 용기가 나왔는지 모르겠다. 다행히 면접관들은 당찬 나의 질문에 웃음을 터뜨렸고 면접은 즐겁게 잘 마무리되었다. 그 결과, 회화 파트에서 거의 만점에 가까운 점수를 받았었다.

인생을 살아가면서 작은 일이든 큰일이든 용기를 필요로 할 때가 있다. 그럴 땐 주저 말고 용기를 내보길 바란다!

분명 좋은 결과를 가져다줄 것이다.

Yo siempre le digo a la gente que

요 씨엠쁘레 레 디고 알 라 헨떼 께

cuando va a una cafetería española,

꽌도 바 아 우나 까뻬떼리아 에스빠뇰라,

tiene que tomar café con leche y tortilla.

띠에네 께 또마르 까뻬 꼰 레체 이 또르띠야.

¡Están muy ricos!

에스딴 무이 리꼬쓰!

나는 항상 사람들에게 스페인 카페에 가면

꼭 카페 꼰 레체와 또르띠야를 먹어야 한다고 말한다.

엄청 맛있다!

> **이번 단원에서는 '음식'에 관한 것을 배웁니다.**
> - Recomendar, Visitar, Celebrar, Regalar의 동사활용
> - Siempre, Estar seguro de que를 활용한 표현

Vocabulario
보까불라리오

▸ la carta 라 까르따	메뉴	▸ la costilla 라 꼬스띠야	갈비뼈
▸ el menú 엘 메누	메뉴	▸ la carne 라 까르네	고기
▸ el plato típico 엘 쁠라또 띠삐꼬	대표 음식	▸ el filete 엘 삘레떼	스테이크
▸ la especialidad 라 에스뻬시알리닫	대표 음식, 전공	▸ la carne de 라 까르네 데 cerdo 쎄르도	돼지고기
▸ la recomendación 라 레꼬멘다씨온	추천	▸ la carne de 라 까르네 데 vaca 바까	소고기
▸ la ensalada 라 엔쌀라다	샐러드	▸ la carne de 라 까르네 데 cordero 꼬르데로	양고기
▸ la lechuga 라 레추가	상추	▸ el pollo 엘 뽀요	닭고기
▸ el tomate 엘 또마떼	토마토	▸ las patatas fritas 라쓰 빠따따쓰 쁘리따쓰	감자튀김
▸ el gazpacho 엘 가스빠초	가스빠초 (스페인 냉 토마토 스프)	▸ la paella 라 빠에야	빠에야
▸ el sopa 엘 쏘빠	수프, 국	▸ las tapas 라쓰 따빠쓰	타파스 (스페인 에피타이저)

Pronunciación & Interpretación
쁘로눈씨아씨온   인떼르쁘레따씨온

Yo   siempre   le   digo
요   씨엠쁘레   레   디고
나   항상   그[그녀,당신]에게 내가 말하다

le   digo   a   la gente
레   디고   알   라   헨떼
그[그녀,당신]에게   내가 말하다 ~에게   사람들

que   cuando va   a   una cafetería española,
께   꽌도   바   아   우나 까뻬떼리아   에스빠뇰라
~하는 ~할 때 가다 ~에   카페   스페인의

tiene   que
띠에네   께
~해야   한다

tiene   que   tomar   café con leche   y   tortilla.
띠에네   께   또마르   까뻬 꼰   레체   이   또르띠야
~해야   한다   먹다, 마시다 카페 꼰 레체   그리고   또르띠야

¡Están muy ricos!
에스딴 무이   리꼬쓰
엄청 맛있다!

Conjugación
꼰후가씨온

RECOMENDAR 추천하다 / 충고하다
레꼬멘다르

Yo 나	Recomiendo 레꼬미엔도	Nosotros 우리들 Nosotras	Recomendamos 레꼬멘다모쓰
Tú 너	Recomiendas 레꼬미엔다쓰	Vosotros 너희들 Vosotras	Recomendáis 레꼬멘다이쓰
Usted 당신 Él 그 Ella 그녀	Recomienda 레꼬미엔다	Ustedes 당신들 Ellos 그들 Ellas 그녀들	Recomiendan 레꼬미엔단

VISITAR 방문하다, 만나러 가다 / 견학하다
비씨따르

Yo 나	Visito 비씨또	Nosotros 우리들 Nosotras	Visitamos 비씨따모쓰
Tú 너	Visitas 비씨따쓰	Vosotros 너희들 Vosotras	Visitáis 비씨따이쓰
Usted 당신 Él 그 Ella 그녀	Visita 비씨따	Ustedes 당신들 Ellos 그들 Ellas 그녀들	Visitáis 비씨딴

* 참조 : Nosotros / Ellos = 남자들만 있거나 남녀혼합일 경우 사용.

CELEBRAR 축하하다, 기념하다 / (식을) 거행하다
쎌레브라르

Yo 나	Celebro 쎌레브로	Nosotros 우리들 Nosotras	Celebramos 쎌레브라모쓰
Tú 너	Celebras 쎌레브라쓰	Vosotros 너희들 Vosotras	Celebráis 쎌레브라이쓰
Usted 당신 Él 그 Ella 그녀	Celebra 쎌레브라	Ustedes 당신들 Ellos 그들 Ellas 그녀들	Celebran 쎌레브란

REGALAR 선물하다, 증정하다
레갈라르

Yo 나	Regalo 레갈로	Nosotros 우리들 Nosotras	Regalamos 레갈라모쓰
Tú 너	Regalas 레갈라쓰	Vosotros 너희들 Vosotras	Regaláis 레갈라이쓰
Usted 당신 Él 그 Ella 그녀	Regala 레갈라	Ustedes 당신들 Ellos 그들 Ellas 그녀들	Regalan 레갈란

Expresión
엑쓰쁘레씨온

SIEMPRE : 항상, 언제나
씨엠쁘레

— Siempre pienso en ti.

씨엠쁘레 삐엔쏘 엔 띠

나는 항상 너를 생각한다.

— Me levanto siempre a las siete.

메 레반또 씨엠쁘레 알 라쓰 씨에떼

나는 항상 일곱시에 일어난다.

— Siempre hablamos de vivir en extranjero.

씨엠쁘레 아블라모쓰 데 비비르 엔 엑쓰뜨란헤로

우리는 항상 외국에서 사는 것에 대하여 이야기한다.

— Siempre paseo por el parque después de cenar.

씨엠쁘레 빠쎄오 뽀르 엘 빠르께 데스뿌에쓰 데 쎄나르

나는 항상 저녁 먹은 후에 공원을 산책한다.

* ESTAR SEGURO/SEGURA DE QUE : ~라고 확신하다
에스따르   쎄구로   쎄구라   데   께

— Estoy seguro de que va a llover.

에스또이   쎄구로   데   께   바 아 요베르

나는 비가 올 거라고 걸 확신한다.

— Estoy segura de que todo va a salir bien.

에스또이   쎄구라   데   께   또도   바 아 쌀리르 비엔

나는 모든 것이 다 잘 될 거라고 확신한다.

— Gustavo está seguro de que viene su amigo.

구스따보   에스따   쎄구로   데   께   비에네 쑤   아미고

Gustavo는 그의 친구가 올 거라고 확신한다.

— Estamos seguros de que vamos a ganar el partido.

에스따모쓰   쎄구로쓰   데   께   바모쓰 아 가나르 엘 빠르띠도

우리는 우리가 경기를 이길 거라고 확신한다.

* 주어의 성별에 따라 -o/-a(남성형/여성형) 구별하여 사용.

Conversaión
꼰베르싸씨온

1. ¿Qué tal el pollo?
께 딸 엘 뽀요

→Está muy rico.
에스따 무이 리꼬

닭요리(닭고기) 어때?

매우 맛있어.

2. ¿Quieres probar el vino?
끼에레쓰 쁘로바르 엘 비노

→Sí, gracias.
씨 그라시아쓰

너 와인 마실래?

응, 고마워.

3. Vamos a probar la paella.
바모쓰 아 쁘로바르 라 빠에야

→¡Buena idea! Es delicioso.
부에나 이데아 에쓰 델리씨오쓰

우리 빠에야 먹자.

좋은 생각이야! 맛있다.

4. ¿Cuáles son los platos tÍpicos
꽐레쓰 쏜 로쓰 쁠라또쓰 띠삐꼬쓰
de España?
데 에스빠냐

→Hay muchos como jamón,
아이 무초쓰 꼬모 하몬
tortilla, etc.
또르띠야 엑쎄떼라

스페인 전통 음식이 뭐에요?

하몽, 또르띠야 등 많아요.

5. ¿Qué es el gazpacho?
께 에쓰 엘 가스빠초

→El gazpacho es una sopa
엘 가츠빠초 에쓰 우나 쏘빠
fría con ingredientes como
쁘리아 꼰 잉그레디엔떼쓰 꼬모
tomates, pimientos, etc.
또마떼쓰 삐미엔또쓰 엑쎄떼라

가스파초가 뭐에요?

가스파초는 토마토, 피망 등이
재료인 차가운 스프에요.

Escribe tu frase
에스끄리베 뚜 쁘라쎄

당신의 글을 쓰세요.

Sonríe y hazle saber a todos que hoy eres más fuerte que ayer.

웃으세요, 그리고 모두가 당신이 어제보다 강해졌다는 걸 알게 하세요.

Papa Francisco
프란치스코 교황

Pollo con coca-cola

코카콜라 닭고기

스페인 홈스테이에서 할아버지는 최고의 요리사 셨다. 할아버지가 해주셨던 모든 음식은 다 취향 저격이었고 매우 맛있었다. 그중 잊을 수 없는 특이한 음식이 있다.

바로 코카콜라로 닭고기다. 할아버지는 이 요리를 'Pollo con coca-cola [뽀요 꼰 꼬까꼴라]; 닭고기와 코카콜라'라고 부르셨는데 이유는 닭고기의 메인 소스가 코카콜라이기 때문이다. 큰 냄비에 1.5L 코카콜라를 두 개 정도 부은 다음 보글보글 끓인다. 코카콜라가 팔팔 끓으면 콜라의 단 맛이 어느 정도 날아간다고 한다. 그때 잡내를 잡기 위해 허브 잎을 넣었던 것 같다. 그리고 바로 닭고기 넣는다! 내 기억이 맞는다면 이게 코카콜라 닭고기 요리 레시피 끝이다. 감자 퓌레와 함께 먹으면 금상첨화이다. 시간이 난다면 꼭 한 번 도전해보길 바란다. 물론 닭고기의 색깔은 코카콜라 색깔이다.

홈스테이를 하면서 할아버지의 맛있는 음식들의 레시피가 궁금해서 매일 저녁 함께 요리를 했었다. 그때까지만 해도 모든 레시피를 다 외워버리겠다는 마음이었다. 하지만 아직도 요리하는 즐거움보다 먹는 즐거움이 더 큰 나는 그렇게 여러 번 반복했던 요리의 레시피도 다 까먹었다. 그래도 하나 자신 있는 건 할아버지께 매번 해달라고 졸랐던 'Lasaña [라자냐]'이다. 그리고 이것 때문에 살이 쪘다 해도 과언이 아니다. 라자냐 먹은 날 산책 오래 하자고 하셨던 할아버지 말 잘 들을걸... 스페인에서 나는 그렇게 오동통이 되었다.